おいしい大地、北海道！

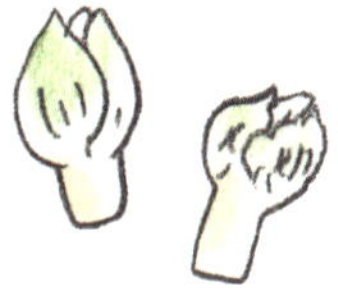

すずきもも

イースト・プレス

プロローグ
こんにちは
食いしんぼう絵かきの
すずきももです。
おいしい大地
北海道に
住んでいます!
仕事は絵本や
本、イラストを
描いています。
なかでも
だんぜん
とくいなのは
食べものの絵!
ときどき登場する家族も
食いしんぼうです!
おっと
おっきなむすめ
ねこ2匹
のんの
ねねこ
うめー
おいちい
もっとおいしいの食べたい!

この20年以上の北海道の
おいしーい発展は
目を見はるものが
あります。
北海道には
ラーメンやカニの
ほかにもおいしいものが
たくさんあるんですよーー！
昔から比べると
お米もすごーく
おいしくなったり
I LOVE HOKKAIDO MAI!
小麦も
パン用のものが
できて
とっても
おいしい
パンが焼ける
ようになったり、
ほんとおいしい大地
北海道になりました！
おいしいって
しあわせ
そして
食いしんぼうが
食いしんぼうを
呼んでたくさんの
食べ物つながり
があっちにも
こっちにも！
いろんな人がいっぱいいるにゃ
パンの先生
ソムリエさん
チーズ職人
栄養士さん
カフェオーナー
シェフ
八百屋さん
牛飼い
ケーキ屋さん
パン屋さん
農家さん
学生さん
たまごやさん
主婦

おかげさまでいろんな地域の生産者や知らなかった食材に出会ったり
札幌大球キャベツです。
おおきいでしょう
地域に残る郷土の味もいただいたり、
美唄中村地区のとりめし！
すっごくおいしいんだよ！
ほっぺがおちる
アイヌの食でオハウという汁物をごちそうになったり
昆布だしのすまし汁のよう。
いろんな食べものを知ることができました。
新しい味に出会うたびとてもワクワクしてしまいます♪
最近はどこでも地元の素材を使ったおいしいレストランが充実してきました。
そして四季のおいしさも見逃せません。
冬のカキやタラ、ワカサギやエゾシカ、豆など…
春は山菜やアスパラガス
こごみ
たらの芽
ふきのとう
アスパラガス
ささのこ

夏はビールに
ジンギスカン、
とうもろこしや
ホタテなど
秋はかぼちゃや
玉ねぎなど
秋野菜が、
また麦や米の収穫、
ワインの仕込み。
その時々のおいしさを
食いしんぼう仲間と囲む
食卓の
たのしい
こと！
もつべきものは
丈夫な
胃腸と
食いしんぼう
仲間です♪
胃袋でつながっているのさ！
おいしいごはんってほんと
ほっこりしあわせに
なります。
ほんと
ほっこり
まあ
身体もふくふく
ほっこりしますけどネ…
フン
フン

おいしい大地、北海道！
目次

Spring!!

……春……

山菜の巻
春がやってきました!

北海道ではようやく雪がとけて消える3月下旬~4月上旬に「あっ、ようやく春だなぁ」と思うのです。

桜の花が咲くのも5月上旬。いっせいに芽吹き花が咲くとってもきれいな季節です。

いっぱい咲いたネ!

そして北海道の山々は山菜のシーズン!
今ではちょっとした山菜は街のお店でも買えるので山へ採りに行かない(行けない?)私としてはうれしい♡
たらの芽
ふきのとう
ニリンソウ
ささのこ
行者にんにく
あずき菜
コゴミ
フキ
山わさび
ウド
ゼンマイ
クレソン
よもぎ
おもなもの
いろんなものがあるにゃー

「山菜」の思い出があります。
子どもが通っていた
山の小学校の
ことです。
ランドセルではなく、リュック
女子も1年中ズボン
この小学校
ほんとうに山の中
目の前がスキー場
という立地！
95%の児童がバス通学
なのです
夏は山歩きや
山走り、
冬はスキーと
いう小学校！
1学年20名
ひとクラスで
全校生徒が120名という
小さな小学校です！
卒業生にはスキー選手も！
裏山
入学すると
まずは
春の遠足
に向けて
体力づくり
空のペットボトルに水を入れ
リュックに
入れて裏山を
歩いて
トレーニング！
忘れてるよー！
カラのペットボトル
もってくー！
それもそのはず
その遠足は
『山菜採り遠足』という
山菜を摘みながら
山づたいに歩く
登山遠足！
なかなかの距離です。
ロープウェイ
低学年はこれで下山します。
高学年は歩いて下山。
バスにのって帰ってきます！
Goal
手稲山
お昼ごはんを食べる！
山菜を摘む
小学校
Start
盤渓地区
注 今の遠足はコースが変わってちがう山へ。

遠足の当日。
お弁当・水筒はもちろん
クマに会わないようにクマよけの鈴をつけて
山ダニに喰いつかれないように
虫よけスプレーを持ってGO―!
ぼうし
リュック
首にタオル
軍手!
水筒
長そで・長ズボン
虫よけスプレー
鈴
山菜を入れる袋
お弁当!
ちなみに
一度だけおなかに
山ダニをくっつけて
帰ってきた娘。
病院に駆け込んで
取ってもらってホッ!!
そして、帰ってきました。
もちろん?ヨレヨレ〜
ママー
ちかれたぁ
たぁ、
山菜は、というと
にぎりしめていた3本のフキのみ
いたいたしい
はじめての時はなかなか採れなくて、上級生がわけてくれたんだって!
それが6年生になると
よゆうの体力!
ただいまぁ
ルンルン
袋いっぱい山菜を採ってきました!
おかえりー
成長したもんだ!

1年生のときのクタクタのフキは炒めものに……みんなで味見した程度!
ちょっぴり💧
なんと 3本のうち1本は虫くい💧トホホ……
6年生のときの山菜はまぁ、ごっちゃりいろんなものが入ってたので（食べられるものも、食べられないものも）全部、天ぷらに!・
私が採ってきた!
えへん!
小学校の6年間、毎年すこしずつ食べられる山菜がふえてたのしかったなぁと思います。
いばってるにゃー
ホッホッホ
いろんな意味で親子ともどもきたえられた「山菜採り遠足」!
山菜のこと、すこしだけどくわしくなっちゃったもんね!
本も買ったし!
山菜
子どもはというと成人した今も山好き、山菜好き♡
もう山菜は採りに行かないけどねー
山が見えるとおちつくわぁ♡

春の山菜はすっかり我が家の春の食卓の定番に！料理するだけでなく保存食も作ります。
たらの芽の天ぷら
ささのこの煮物
ふきのとうみそ
行者にんにくのしょう油漬け
コゴミの煮物
山わさびしょう油漬け
ウドの酢みそあえ
クレソンのおひたし
そして毎年思うのです。今年も山菜を食べることができてよかったなぁーと。
春もたっぷり身体に取り込んだような気持ちになります。
そんな山菜好きさんの心をくすぐるイベントがあります。
友人の住む占冠村《しむかっぷ》の「山菜市」です。
毎年5月末or6月上旬の土・日に開催
札幌
占冠村
帯広
この「山菜市」のすごいところは前日に山菜採りツアーがあって、体験ができるのです。
採ったドォー！！
「山菜市」の当日は山で採れた山菜の数々や山菜を使った料理なども楽しめます♪
毎年村外からたくさんの人がやってきます。
ヨモギパンケーキ
エゾシカカレー

山菜って「山の幸」そのもの山の神さまのおくりものだなあと思います。
アイヌの人たちにとっては山そのものが神さまなのです!
そして山菜を食べることで冬の間眠っていた身体の機能が目覚めるのだそうです!
春がキーたねェー
春だにゃー
ゆるい春だにゃん
人も冬ごもりしていたクマと同じように自然のサイクルで生きているんだなあとじんわり思うのです。
ヨモギケーキにヨモギ大福だよ。
うまーい♡
目覚めるうー!*
お茶も春の草で

山菜保存食レシピ
ふきのとうみそ
ふきのとうは
つぼみがしっかり
とじているものを
① ゆでて
アク抜きする。
② こまかく
きざむ
③ 調味料を入れて
炒める
ゴマ油
みそ
さとう
④ 保存容器に
入れて冷蔵庫へ!
焼き魚に
とっても合う。
しょう油のかわり
にそえて食べる。
ほろ苦がおいしい♡
フキの
ピクルス
① フキはゆでて
皮をむいて
水にさらして
おきます。
② ピクルスの
漬け汁を
作ります。
しお
さとう
しょう油
水
酢
とうがらし
③ 保存ビンに
適当に切って
つめて
②を注ぎ
入れます。
冷蔵庫で
保存
スライスして
食べてね!
酢は加減してね
いつでも
フキをたのしめるよ

行者にんにくのしょう油漬け
スタミナいっぱい♡
行者にんにくは別名アイヌネギともいい、にんにくの香りを持っている山菜です。
①行者にんにくは洗って水気をふいて、保存ビンにギュウギュウに入れます。
ビンの上までしょう油を入れて！
②3日以上たてばOK！
食べ方はきざんでチャーハンに入れて炒めたり、ギョウザやラーメンに入れたり。ごはんと食べてもおいしい！
にんにく臭がすごいので気をつけて！
山わさびのしょう油漬け
山わさびは白くてツーンとした本わさびとは違った辛さがあります＊
①よく洗った山わさびをすりおろします！
とっても目にしみるので注意！
いたい
フードプロセッサーを使ってもOK！だけどフタをあけるときは注意して！
②保存ビンにすりおろした山わさびとしょう油を入れて保存＊
イカなどの刺身や冷たいパスタに良く合う。ごはんにもgood！

アスパラガスの巻
ぜったい!
食べたい春の味覚に
アスパラがあります!
旬がきたぁ
ごきげんよう
はーい♥
はじめまして!
ホワイト
グリーン
むらさき
特にピカピカの色白で大きな
ホワイトアスパラは
アスパラの女王!
旬のこの時期は
お魚やお肉よりも
ホワイトアスパラさま♥
ヨーロッパでは
とってもポピュラーな
ホワイトアスパラ。
ドイツでは
「シュパーゲル」と呼ばれ
旬の5月にはお祭りや
皮むきコンテストなど
あちらこちらで
イベントが行われるくらい
愛されています。

日本のアスパラは明治以降に食用が広がり、北海道岩内町ではじめて栽培に成功しました。

町には「アスパラガス発祥の地」という碑が建っています。

この岩内町で成功したことで日本でアスパラの栽培が広まっていったのです。

生産量は北海道が1位！

当時栽培していたのは加工用のホワイトアスパラ。水煮やピクルスの缶づめになってなんと国外に輸出していたのです。

ホワイトアスパラの水煮
ピクルス
ぜんぶ加工品なんだにゃー
ももの ふるさと夕張にもホワイトアスパラの畑と加工場がありました！

ちなみにグリーンアスパラは60年代になってから食べられるようになったそうです。

ホワイトアスパラを作るにはお日様をあてないように土もかぶせるまたは暗い建物の中で栽培！

収穫までとても手間がかかります。

また、立派なのは入手しづらくて食べたいときはレストランへGO！なのです。

食べたいにゃあー

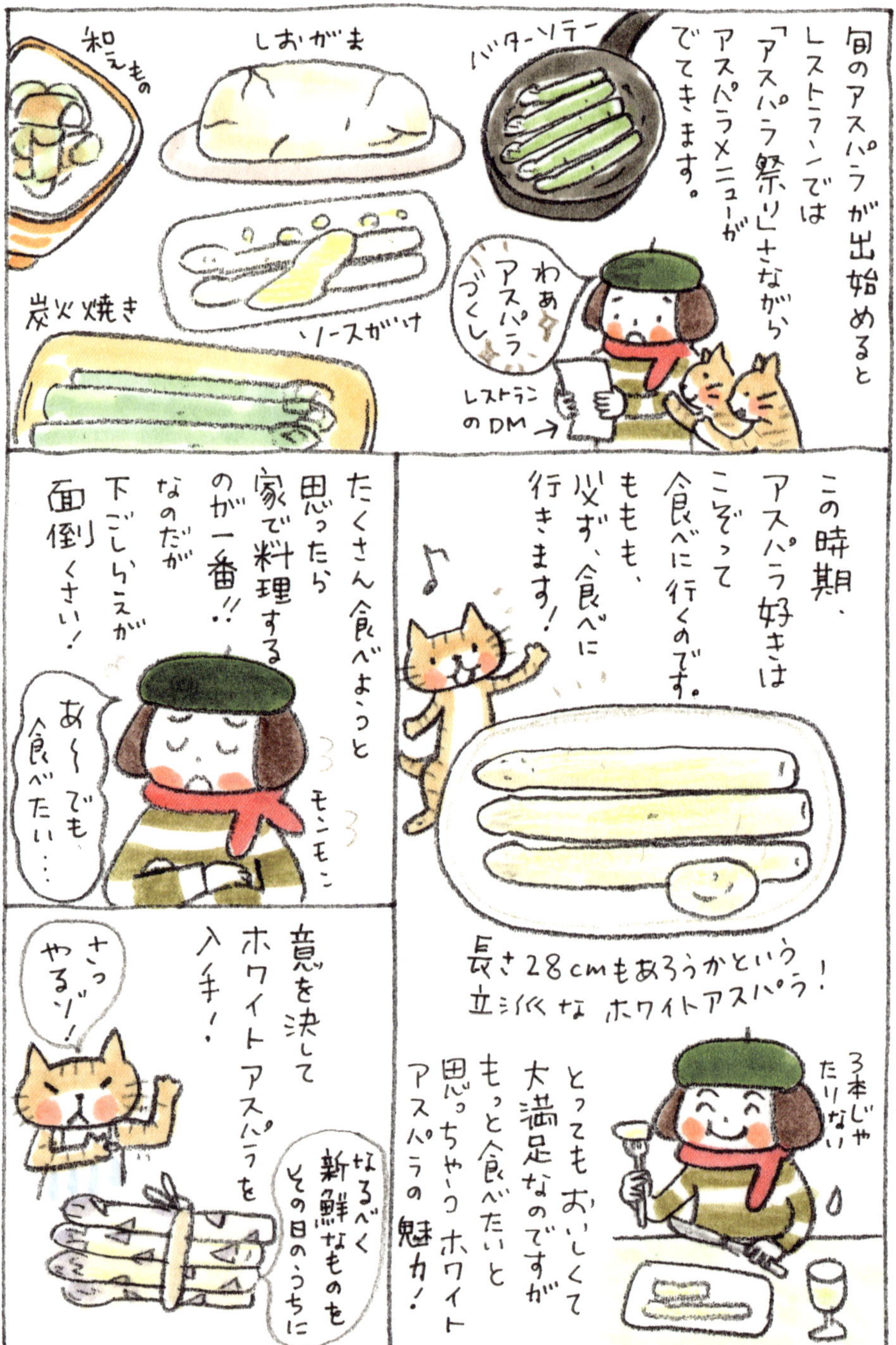
旬のアスパラが出始めると
レストランでは
「アスパラ祭り」さながら
アスパラメニューが
でてきます。
バターソテー
しおがま
和えもの
ソースがけ
炭火焼き
わぁ アスパラ づくし
レストランのDM
この時期、
アスパラ好きは
こぞって
食べに行くのです。
ももも、
必ず、食べに
行きます!
長さ28cmもあろうかという
立派な ホワイトアスパラ!
たくさん食べようと
思ったら
家で料理する
のが一番!!
なのだが
下ごしらえが
面倒くさい!
あ〜 でも 食べたい…
モンモン
とってもおいしくて
大満足なのですが
もっと食べたいと
思っちゃう ホワイト
アスパラの
魅力!
3本じゃ たりない
意を決して
ホワイトアスパラを
入手!
さっ やるゾ!
なるべく
新鮮なものを
その日のうちに

アスパラはていねいな皮むきが必要！
なのでたくさん食べようとしたらそれだけ時間がかかるのです。
のろい！
おそい！
ヒャー
あわわわ
でもこれをおろそかにするとおいしくない！
我が家ではホワイトアスパラを食べるときはレモン＆バターでいただくのが定番！
固さはお好みで！
ゆで汁もスープにします。
いいにおいにゃ
この口福のためなら皮むきもしかたがない！
いっぱい食べよう
スープもおいしいよ、
うめえ～
おいしくてよかったにゃ～

そして、一番よく食べるのがグリーンアスパラ！ホワイトと品種は同じですがお日様の光をいっぱいあびて育ちます。
S
M
L
サイズの違いでどう食べるか考えます。
Ⓛはメインで蒸し焼きやグリルしてシンプルに！
Ⓜは肉や魚と合わせて料理したり、
Ⓢはサラダやリゾット、パスタの具としてたのしみます！
さて最近むらさき色のアスパラも見かけるようになりました。
なにがちがうのにゃ？
むらさきアスパラはホワイトやグリーンとは別の品種でビタミンCやアントシアニンがとっても豊富！生で食べられるのが特徴なんですって！

火を通さなくても良いなんて、ひと手間省けてちょっとうれしい。できるだけ新鮮なものをサラダでモリモリ食べてみて！
むらさきは糖度も高いそうです！
むらさきの野菜もいろいろな種類がふえてきたのであつめてむらさきサラダを作ってもたのしいかも
アスパラ
にんじん
玉ねぎ
ピーマン
キャベツ
ちなみにゆでても炒めてもOKですが熱を通すとむらさきからグリーンに色が変わります！
おやあ
また、アスパラの旬は北海道のワインの新酒と同じ時期！
旬のものを旬のものでいただくってしあわせです！
うまい！
おいしそう
飲みたい

ホワイトアスパラレシピ
●下ごしらえ
ハカマをとる
根元のかたい皮をむく。
ピーラーを使うと便利だよ！
炭火またはグリルで焼く！
食べるときにしおやオリーブオイルをふって！
シンプルにおいしい♡
バター&レモン
ゆでるときにレモンとバターを入れる。
食べるときもレモンとバターを追加してね！
ゆで汁をスープに！パセリをふって！
本数が少ないときはフライパンで蒸し煮にするとよりおいしいよ！
水をひたひたに入れてふたをするよ。
和風にかつおぶし&しょう油
たまごソースのせ！
ゆでたまご・ビネガー・オリーブオイルを入れてソースにする
たまごととても相性がいいのです。

グリーンアスパラレシピ
下ごしらえはホワイトと同じ
ていねいにしてにゃ
ゆでる。
かたさはお好みで！
ゆでたあとは冷水にとると色がキレイ！
タルタルソースやマヨネーズで
Ⓢサイズのアスパラのしょう油漬け
しょう油とお酒で半日漬けて食べる。
ベーコン巻き
半分に切ったアスパラをベーコンでまきます。
フライパンで焼き目をつけてフタをして蒸し焼きに！
ホタテとキノコでバターソテー
材料を同じくらいの大きさに切る。
ホタテ
エリンギ
バターとしお・こしょうで炒める。
パスタやリゾットにしてもおいしいよ！

ラワンブキの巻
ラワンブキって
ご存知ですか?
十勝の足寄《あしょろ》町だけで採れる
大きなフキです。
秋田ブキの
仲間でらわん川のほとりに
育っています。
普段よく食べているフキは
茎の長さが50cm~1mくらいの
ものが多く 秋田ブキでも
1m~1m50cmくらいです。
ところがラワンブキは
2m~3mもあり
茎の一番太いところが
10cm以上にもなるのです。
北海道遺産にもなってるよ!
直径10cm
秋田ブキ
葉っぱも直径1m以上ある。
愛知早生
日本で一番食べられているフキ!
山ブキor水ブキ
50~60cm

このラワンブキを知って
思い出したのが
佐藤さとるさんの
コロボックルシリーズ。
コロボックルと
呼ばれる
小人たちが
でてきます。
とても
おもしろくて
夢中になって読みました。
さし絵の村上勉さんの
コロボックルはカワイイ
コロボックルをアイヌ語で
ひもとくと……
コロ＝ココロニ↓フキ
ボック↓下
クル＝ウンクル↓人、つまり
「フキの下の人」という意味です。
コロボックルシリーズに出てくる
小人さんは3cmくらいの背たけ。
妖精や北欧の「トムテ」や「ホビット」
「一寸法師」のようなイメージで
ずっと
ファンタジー
の中の
住人でした。
うちにあるフキを
かぶったコロボックル＊
ところが
アイヌ伝説に残る
コロボックルは
十勝周辺に
実在していた
民族だった
ようなのです。
知らなかった
なぁー
おやおや
フキの下の人と
呼ばれて
ますが
ほんとは
フキの葉
を屋根に
した竪穴式
住居に住んで
いたからでは
ないかと
いわれて
います。

コロボックルは狩りや漁が
とても上手で、食べものに困った
アイヌの人たちにも分けて
あげることもあったそうです。
そのため「フキの下の神様」とか
「山の幸を運ぶ神様」とも呼ばれて
いたのかも＊

北海道は広くて
あっちこっちに
遺跡もあるし
誰がいても
ちっとも
不思議
ではありません。

うまそう、

・・・というわけで
コロボックルは小人さんではなく
その頃の普通の背たけ
だったらしいのです。
まあ、ラワンブキの下では
誰もがみんな
コロボックル（フキの下の人）に
ファンタジーの小人さんに
なれちゃうのです。

ダンナ
175cm
むすめ
162cm
もも
153cm
コロボックル
？cm
ネコたち 60cm？

さて！ラワンブキです!!
足寄町でかれこれ30年
ラワンブキを栽培している
農家に鳥羽昇子さんと
いう方がいます。
農家の鬼嫁と呼ばれてます！
ホッホッホ！
乱獲により、天然のラワンブキが
減少し、それを保護する
目的もあり
足寄町として
栽培をはじめた
のだそうです。
赤ちゃんラワンブキを
植えて育つまで
3年もかかるのです。
昇子さんは
楽しく、おもしろく
地域の大人や子どもに
ラワンブキを伝える
活動を行っています。
また、あるときは
道外のデパートなどに
販売に出かけることも。
ラワンブキに
熱い思いを
持った人です。
はぁい
はあーい
はあーい
さあ収穫してみようか！
ラワンブキの収穫はとても大変。
一本一本、手で
収穫するんです。
あますことなく大切に食べたい！
ラワンブキ・・・
とーってもめちゃめちゃ
おいしいのデス♥
フキの王様
いや、神様かなっ
そろそろ旬ですよねー♥

ラワンブキのシーズンは6月頃
わあっ～
ドーン
たいてい鳥羽さんから送ってもらいます。
ながい!
最近は近所の友人たちと共同で購入してわけっこします。
ラワンブキが到着するとしばらく食卓が「ラワンブキ祭り」になります。
すぐ食べる分保存しておく分にわけて・・・
なんといっても採れたてはアクが少ないので下ゆでなしで料理します。
保存する分もすぐにゆでて皮をむいて水にさらしておきます。
皮はしっかりはいで!
フキのすじの本数は大きくても同じ
ゆでたてのものを甘みそにつけて食べるのもおすすめ!
フキの香りでいやされる日でもあります。
うまーい

なんといってもラワンブキの太さはすごい！
なんて！太さ！
バーーーン！
そんなフキの空洞に何かをつめてみたいと思ってしまいます。
フキのむこうには…
そういえばこんなことをしているんもいましたな！
なにが見えるのかにゃー
ということで我が家のラワンブキ祭りのメインはラワンブキのつめもの！
ラワンブキの肉づめ
ラワンブキのおすし
ラワンブキのほっけのすり身づめ
どれもこれもおいしい
そして定番の天ぷら下ゆでなしで皮をむいたものを即、揚げます！
それと炒めもの。こちらもゆでずに使います。
旬のラワンブキは歯ごたえもよくてシャキシャキ！水煮のフキでは味わえない香りもあります。旬のものを新鮮なうちに食べるのが一番、おいしいのです！

ラワンブキレシピ

ラワンブキの肉づめ

①ラワンブキは生のままていねいに皮をむき、2cmの長さに切る。

②ひき肉とみじん切りのしいたけと長ねぎを入れて、みそ、しお、ゴマ油を入れて混ぜる。

③肉あんを①のラワンブキにつめて片栗粉をつけて、フライパンで蒸し焼きにする。

ラワンブキのおすし

①まずはちらしずしをつくります。

②ラワンブキの太めな水煮も4cmの長さに切る。

③①を小さくにぎって②につめる。

上に錦糸たまごや木の芽などをのせてどうぞ！

ラワンブキのマリネ

お酒のおつまみにもgood!

① オリーブオイル・レモン汁・しお・こしょうを混ぜます!

② バットに下ゆでしたラワンブキを並べて①を注ぎ一晩冷やしておきます。

ラワンブキの含め煮

一度さまして味をしみこませる★

① 水煮したラワンブキを5cmくらいの長さに切る。

② 鍋にだし、昆布、うすくちしょう油、お酒、水を入れる。

③ おとしブタをしてコトコト煮る。

ラワンブキの水煮

保存しておきたいときは水煮にします。

① まな板の上でしおをまぶしながらラワンブキをごろごろ板ずりする。

② たっぷりのお湯でゆでて皮をむき、水にさらす

③ 保存びんに入れて、上まで水を注ぎフタをして冷蔵庫で保存する。

田植えの巻

田植え

シーズン到来!

北海道の田植えは
5月下旬あたりがシーズン。
昔は稲作にむいていないと
いわれた北海道だけど
たくさんの人の努力で
特に近年は
品質もアップし
おいしいお米の
穫れる大地に
なりました♡

日本で田植えをするように
なったのは奈良時代。
田植機ができるまで
ずっと人の手で
(特に女性)
植えられてきた
そうです。
※諸説あります

大昔から
食べ続けてきた
お米は今も
日本の主食。
春の水田や
秋の実りの風景に
ときめくのは
DNAに記憶されて
いるからなのかな。

ずいぶん前に見学に
行った農家さん曰く
「お茶わん3杯分の
米へもみしをまけば
ひとりが1年分食べる
お米が作れるんだよ」と。
聞いてびっくり！
これが1年分になるの？
ヘェー
ほぼ1日分のごはん…
というのも
たったひと粒のお米から
なんと約350粒のお米が
収穫できるからだそう
です。
よし！まくよ。
すごい！350倍に！
なのでお茶わん3杯分
まけばほぼ1年分
食べられると
いうことです。
お米ってすごいにゃん！
重労働にもかかわらず、
長い間作り続けたのは
「一粒万倍」というように
1粒から
たくさん
実るから
なのでしょうね！
ありがたい！

はじめて田植えを体験させてもらったのは17年前。
おそるおそる素足で入ってみました。
にゅるっとする
田んぼの中はドロっとしていてぬくぬくあたたかい。
このあたたかさが苗を守り育てているんです。
苗は手に持って水の下の土の中に差し込んで植えるのですが、なかなかむずかしい
水
土
なれないのでまっすぐ植えることもできず。
一列植えるのも時間がかかります。
大人たちは腰をトントンのばしながら
あっまがってる
子どもたちはカエルをつかまえたりどろんこあそび。
あまがえるだエ!
さわらせて

終わったあと、どろんこの手足を用水路で洗いました。

雪どけの水がちべたい
腰もいたいにゃい
ところで洗ったあとの足のかかとにびっくり!

ツルピカでまるでドロエステ!

ただし爪には数カ月ドロが入ったまま……。

けっして顔につけたりしないように!

そんな体験後、食仲間たちとお米を作るプロジェクトをはじめました。

やろうよ!

よし! うちの田んぼで!

やろう
やりたい♡

やったぁ
米作りには88の作業があるらしいのですがプロジェクトでは苗を作る↓田植え↓できれば草とり↓収穫↓食べるを行います。

まずは小さなポットに種もみを植えます。

これが発芽して苗になり田植えをします。

夏の草とりは育った稲の間に生えるヒエなどを水田の地中にうめこんでいきます。

あれ? どれ?

ヒエは同じイネ科なので見分けがつかない。

そして、8月頃
稲の花が一瞬、
咲きます。なんと
開花は1時間ほど。
ほとんどまぼろし？
1粒コ粒、さいてるニャ
この花のあと、実がどんどん育って重くなってこうべがたれていきます。
収穫は一部手刈り体験をします。のこぎり鎌で刈って稲ワラで束ねていきます。
束にするにゃ
ケガに気をつけて！
手刈りしたものは家に持ち帰って乾燥させてお正月飾りを作ったりします。
ちょいちょい
わぁーい
残りはコンバインで刈って乾燥させます。そして、約1カ月半たった頃新米として登場！
田んぼプロジェクト
米
このプロジェクトはなんだかんだと約10年続いています！

この田んぼプロジェクトの
おたのしみは作業のあとの
お昼ごはん！
この数年は
仲間の○さんが
昔ながらの
「羽釜」でお米を
炊いてくれます。
これで炊くのがいちばんうまい！
↑イベントにひっぱりだこの羽釜おじさん
昔はこの羽釜をかまどにのせて
薪でごはんを炊いていたのです。
木の重いフタ↓
羽根の部分がストッパーに！
薪
この羽釜で炊いた
ごはんはほんとうに
お米が立っていて
ふっくらしています。
香ばしい「おこげ」も
できます。
このごはんに
カレーや豚汁で
みんなで
いただきまーす！
「同じ釜の飯を
食う」って
このこと。
参加できない年も
あるけれど仲間たち
と作るお米はおいしくて
食べ続けたいなと思うのです。

ごはんのおとも レシピ
鮭のフレーク
SAKE
①お魚屋さんで鮭のしっぽを買ってくる。
しおをまぶしてグリルで焼く。
②ほぐして、白ゴマと一緒にパラパラになるまでカラ炒りする。
野菜の一夜漬け
①かぶはたてに1/2に切って5mmくらいの厚さに切る。
きゅうりも5mmの厚さにななめに切る。
重し
②しおをまぶして容器に入れ重しをして一晩。できあがり！
肉みそ
うどんやラーメンにもよくあう！
①ひき肉とみじん切りの長ねぎ、おろしたしょうがをゴマ油で炒める。
②みりんとみそでしっかり調味してできあがり！
大根葉のふりかけ
おにぎりの具にもgooよ！
①葉をみじん切りにして、じゃことゴマと一緒にフライパンで炒って水分をとばします。
②最後にしおをふってできあがり！

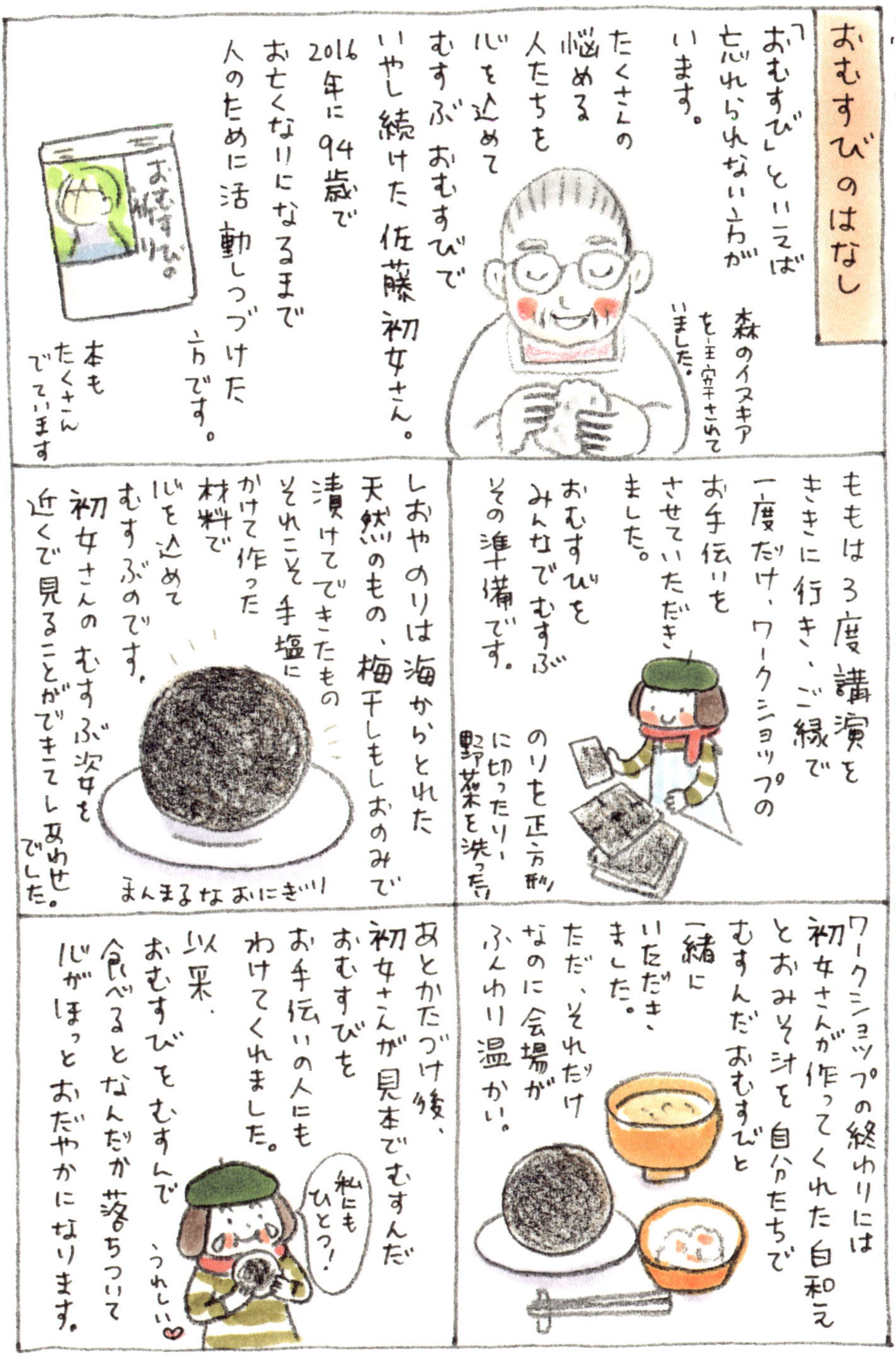
ふろく
おむすびのはなし
「おむすび」といえば
忘れられない方が
います。
たくさんの
悩める
人たちを
心を込めて
むすぶ おむすびで
いやし続けた佐藤初女さん。
2016年に94歳で
おなくなりになるまで
人のために活動しつづけた
方です。
森のイスキアを主宰されていました。
おむすびの祈り
本もたくさんでています
ももは3度講演を
ききに行き、ご縁で
一度だけ、ワークショップの
お手伝いを
させていただき
ました。
おむすびを
みんなでむすぶ
その準備です。
のりを正方形に切ったり、野菜を洗ったり
しおやのりは海からとれた
天然のもの、梅干しもしおのみで
漬けてできたもの
それこそ手塩に
かけて作った
材料で
心を込めて
むすぶのです。
初女さんのむすぶ姿を
近くで見ることができてしあわせでした。
まんまるなおにぎり
ワークショップの終わりには
初女さんが作ってくれた白和え
とおみそ汁を自分たちで
むすんだおむすびと
一緒に
いただき
ました。
ただ、それだけ
なのに会場が
ふんわり温かい。
あとかたづけ後、
初女さんが見本でむすんだ
おむすびを
お手伝いの人にも
わけてくれました。
以来、
おむすびをむすんで
食べるとなんだか落ちついて
心がほっとおだやかになります。
私にもひとつ!
うれしい♡

いちごの巻
いちご
だい好き
おいしそう
いいにおいにゃ〜
食べたいにゃん
春のカフェなどはいちごデザートが目白押し！
わぁ〜何にしよう
いちごフェア
わくわく
おもわず頼まずにはいられない！
近所で食べたいちごと抹茶のフレンチトーストアイスクリームぞえ！
ホットいちごがゴロッゴロ
家で食べるときは練乳をかけてつぶして今も昔も変わらない食べ方。
これがおいしいんだよね

思い出すと
自分の原風景の中に
いちご畑があります。
とっても
おいしい記憶
ももが育った
夕張には近所に
いちごを作る農家があって
母に連れられて
私と妹2人と
よく摘みに行きました。
ハウス栽培ではなく
露地栽培の
完熟したいちご。
摘みながら食べる
いちごはお日様が
あたって
生温かいのだけど
じゅわっと甘酸っぱさが
口の中に広がって
夢中で食べていたような。
季節の終わりには
かごいっぱいのいちごを
摘んで
大量の
ジャムを
作りました。
こうやって
その年のいちごの
シーズンをしめくくる
のでした！
今でもジャムを
作っていると
このときのことを
思い出します！

いちごは気温が25℃以下じゃないと作れないそうです。
なので九州や本州では冬に北海道では春~秋に収穫します。
夏期のいちごは北海道が1位なんです
生産量は!
日本中いろんな品種のいちごがありますが北海道ならではのいちごもあります。
おいしいいちごがどんどんでてくるんだよね!
とっても人気のある「けんたろう」ジューシーでさっぱりとした甘さです。
5と6月が旬なんだ!
最近は新しく「夏瑞《なつみずき》」がデビュー!
品薄になる夏に採れることから注目されています!
糖度16度!
大粒のいちごです!
ほかにも「なつじろう」や「きたえくぼ」「きたのさち」などがあります!
なつじろう
かためで日持ちするのでケーキ用
きたえくぼ
甘酸っぱさがやや強い
きたのさち
甘さと酸味がよい

そして札幌市民が忘れてはいけないのが札幌生まれの「さとほろ」

とっても大粒でたまご大のものも！

アイヌ語で札幌という意味の「さとほろ」。畑で完熟させるので糖度がとっても高く、酸味もしっかりある味も香りも濃厚ないちごです。

半分に切ってみると中は真っ赤！

完熟すると外側は黒味がかった赤に！

すごい!!

実はこのいちご、とってもデリケートで流通に向かず生産者も少ないことからまぼろしといわれています。

こんなにおいしいのに
しかも収穫期も短く、6月中旬から2、3週間しか採れません。

旬があっ！というま
たいへんおわっちゃう！

いそげー
さらに入手するには札幌市内でも特定のJAや農家さんに直接行くしかない……。

ほんとうにまぼろし……

おっと！車だして！！

はやくー!!

そんな入手しづらいさとほろですが加工品ではかんたんに食べることができます♥
さとほろジェラートとさとほろミルクジェラートだよ♥
特に札幌でも有名なジェラート店「レ・ディ・ローマ」の増谷さんはさとほろのおいしさにほれこんだひとり♥
こんなにおいしいいちごほかにはない!
さとほろアイスクリーム
シロップです!
さとほろの蜜
ジャム
JAM
さとほろを絶やさないようにジェラート以外にもジャムやシロップなどさとほろ製品を作って生産者を応援しています。
ももも食べて応援!
ほかにも札幌市内にはさとほろを応援するお店がちらほら。ケーキやパフェソフトクリームなどが登場します。
見つけたら食べてみて!
とってもおいしくても流通に適さないことでなくなってしまうものもたくさんあるのだろうなと思うととっても残念! 食いしんぼうとしてはこのおいしさを次世代にも伝えたいものです。
さとほろちゃん♥

さてこのあいだ
食仲間たちと
いちごのムースケーキを
作りました。
かんたんですよー！
宮脇かおり先生
いちごたっぷり
みんないちご好きで
テンションアップ！
わいわい作りながら
いちご談議に
花が咲きました！
老いも若きも
おいしい笑顔に
なるいちごって
まさしく
スーパースター
ちなみに
いちごは果物では
なく野菜に
分類されるんですって！

いちごのレシピ
いちごのヨーグルトアイス
練乳をかけてもおいしいよ！
いちごもスプーンでつぶして、ヨーグルトとさとうをまぜまぜ！
さとうなしヨーグルト
ヨーグルト
A
別のボウルに生クリームをあわだてます！
B
A
B
＋
AとBをさっくり混ぜ合わせて冷凍！
かたまったらできあがり！
いちごのジンジャーマリネ
そのままでも何かにかけてもOK！
いちごを1/2～1/4にカットしておきます！
しょうがしぼり汁
レモン汁
メープルシロップ
ボウルに全部入れて、混ぜて冷蔵庫で半日マリネ。
ソーダで割ったり
アイスクリームやクレープなどにのせてどうぞ！
スパークリングワインにも！

宮脇かおりさんは苫小牧市でお菓子教室を開いています。
いちごのムース
宮脇かおりさんに習ったレシピ
おいしく作って食べましょう
いちご 240g
グラニュー糖 80g
板ゼラチン 6g
生クリーム 175g
飾り用いちご 4コ
ソース
いちご 50g
グラニュー糖 25g
レモン汁 3g
φ6cmくらいの器8コ分
① 板ゼラチンを水で戻して冷蔵庫へ。
水の入ったボウルごと入れておく
② いちごはヘタをとって1/4に切る。グラニュー糖をまぶしておく。ソース用のいちごも同様にしておく。
ムース用
ソース用
③ ②をミキサーにかけてピューレ状に。ムース用とソース用はピューレにしてから小分けしてもOK!
④ ムース用のピューレを鍋に入れてとろ火にかける。プツプツしてきたら、かたくしぼった①を入れてとかす。
ゼラチン
⑤ 鍋ごと氷水に入れてとろりとするまで混ぜる。
氷水
⑥ 生クリームを7分立てにして冷めた⑤を入れて混ぜる。
⑦ 混ぜたものを器に入れ、冷蔵庫で冷やしてかためる。
⑧ ③のソース用にレモン汁を入れて煮つめる。
レモン
⑨ 上に⑧のソースをかけて飾り用のいちごをのせてできあがり!

おまけコラム 1

美《び》唄《ばい》市・中村地区の「とりめし」

「**美唄においしいとりめしがあるんだって。**」と聞いたのは、あるイベントの打ち合わせでのこと。イベントは「アルテピアッツァ美唄」という素敵な場所で行われ、お昼ごはんにその「**中村のとりめし**」が供されたのでした。

一口食べると鶏の出汁がきいた濃いめの味付けに「**おおっ!**」となり、食べ進めるうちに、もっともっと食べたくなるのが不思議です。この味わいの秘密は、鶏の肉だけでなく内臓も使うところ。味わいが奥深いのがうなずけます。

この「とりめし」の歴史は、北海道の開拓の歴史に重なります。

数々の苦難を乗り越えながら土地を切り開いた、三重県・愛知県からの移民団。この地区の名前の由来にもなった中心人物・**中村豊次郎**は大正時代、度重なる水害などで疲弊した農民たちにつがいの鶏を貸し、養鶏を始めました。農民たちにとって鶏は栄養源だけでなく貴重な収入源にもなりました。やがて、この大事な鶏を肉も内臓も余すことなく使い、当時貴重だった砂糖と醤油で味付けした「とりめし」は、この地区のハレの日の食べものとして、また、おもてなし料理となりました。

今では、中村地区の農家の主婦たちが設立した「**えぷろん倶楽部**」で「中村のとりめし」を購入することができるほか、この地区の食堂などでも食べることができます。

今や私は美唄と聞くと、とりめしを食べたくなります。
この地域だけに残る貴重な味。
ずっと失いたくない味です。

夏

Summer!!

チーズの巻
ずいぶん
前のことですが、牛にのせてもらったことがあります。
おもくないかなぁ…
やさしいおめめのもえちゃんの背中はとっても広くて温か。
自分と牛さんの距離がぐっと近くなりました。
ちょっと特別にのせてもらいました。
だいじょうぶだよ
この牧場は喜茂別にある牧場タカラ
牛たちに本来の牛らしいしあわせな暮らしをさせてあげたい！
と話す斉藤信一さん
そんな牧場タカラの人気の牛乳は「幸せな牛のミルク」という名前
夏は夏 冬は冬の味になるよ。
なんとうまい

そして信一さんの牛乳を使って弟の愛三《なるみつ》さんがチーズを作っています。
最初は種類も少なかったけど、今ではいろんなタイプのチーズが生まれています。
夏草のカチョカバロ
タカラのタカラ
タカラのレタラ
小さなトム
季節の味をたのしんで！
ももが最初に食べたのは「夏草のカチョ」
夏草を食べる時期のミルクで作ったカチョカバロ！
いいにおーい
シュー!!
フライパンで焼いてバゲットやライ麦パンの上にのせて食べます。
トロ〜リ！
パクッ！ハムハム。
うっ！おいしー!!
さわやかな夏草のミルクのかろやかな風味。
この時期だけの味なのです。
パンだけじゃなく蒸したり焼いたりしたじゃがいもの上にのせてもとってもおいしい

牧場タカラの牛たちは
ほんとうにのびのびと
生活しています。
広びろとした敷地で
思い思いにすごす牛くんたち.
とても
のどかな
風景
この牛くんを見ていると
「はなのすきなうし」を
思いだしてしまいます。
フェルジナンド!
闘牛で争うよりも
だい好きな花をかいでいたい。
やさしいおだやかな牛くんの
平和なおはなし
こない
くんくん
牧場タカラのように
しあわせな牛ややぎから
チーズを作る
ところも
少しずつ
ふえている
北海道.
アニマルウエル
フェアへ動物福祉
とよんでます!
最近、
素材の健やかさや
良さが
おいしいと
いうことに
つながってきた
なあと思うのです。
みんな
しあわせが
いいね

そういえば昔よく
カッテージチーズを作って
食べていました。
温めた
牛乳にレモン汁を入れて
かき回すと固まってきます。
ザルでこすと
ポロポロの
カッテージ
チーズの
できあがり
牛乳どうふとも よんでました!
とてもさっぱりとしてて
クセのないカッテージチーズは
サラダにしたり、
おしょう油で食べたり
したものです!
わぁい
でも、じつはずーっと
チーズが苦手でした。
特に給食ででてくる
プロセスチーズが
とーっても
苦手!
なんだか
石けんのような
プラスチックのような味が…
カッテージチーズは すきだけど これは…
いまも 苦手!
チーズがようやく
おいしーい!と思えたのは
大人になってから。
フランスへ旅した
ときに開眼!
どのチーズも おいしい♡
ナチュラル
チーズっていう
ものに出会った
ワケです。
ももの
チーズの
夜明け!!
ナチュラルチーズは生きた 乳酸菌で発酵 したチーズの こと!

それから年々チーズ熱が高まって、チーズを作ってみたくなりました。
そうだ！モッツアレラチーズを作ろう！
ポン
といっても1人で作れないので食仲間たちと知り合いのチーズ職人さんにレクチャーしてもらいました。
いばくん
と
みうらさん
かんたんですよ！
アンジュ・ド・フロマージュのふたり
温めた生乳に乳酸菌をまぜて、発酵させレンニネットというものを入れて凝固させます。
発酵の温度がかんじん
だんだん固まってきたらカード（切れ目）を切って、水分（ホエー）としっかり分離させる。……とほぼここまでは見学。
へぇ！
そしてここから参加！お湯の中で丸めるのです。できたら冷水にとってできあがり！
プニプニ
家に帰ってさっそくカプレーゼに！
うまい！
自分で作るとなんでもうまい！

ふと思うと欧州では
チーズって みその
ようなもの。
手前みそのように
その家、その村
その地域で
形も味も
違うのです。
北海道の
チーズも
そんな風に
いろんな場所で
いろんなチーズが
個性豊かに
作られはじめて
います！
北海道のいろんなチーズ
共働学舎新得農場
「さくら」
塩漬けの桜の香りがとてもマッチしているチーズ！
「ラクレット」
とかして じゃがいもにかけたいチーズ！
しあわせチーズ工房「幸」
幸
長期熟成のハード系チーズ！
まろやかで濃厚！
じっくり味わいたい。
ノースプレインファーム
「ゴーダ」
有機JASのチーズ！
クセが少なくて料理に合わせやすい！
米村牧場
プラッツ
「12カ月」月齢に熟成ごとをたのしめるセミハード系のチーズ。
アンジュ・ド・フロマージュ
「ドメーヌタカヒコ」
ドメーヌタカヒコの赤ワインのしぼりかすと熟成させたクリーミーなチーズ！
村上牧場
ミルク工房レプレラ
「カリンパ」
6カ月以上熟成させたハード系のチーズ。
ナッツのような風味
まだまだ紹介できないほどのおいしいチーズがいっぱい！
食べにきてね！

チーズレシピ
モッツアレラチーズ&アボカドサラダ
チーズは1cm角に切る。
アボカドは種と皮をとる。
1cm角に切る。
レモン
オリーブオイル
こしょう
しお
まぜまぜあえて!
そのままでもパンにのせてもおいしいよ!
チーズの春巻き
春まきの皮
チーズ
ハム
赤ピーマン
まく!
チーズはプロセスチーズまたはセミハード系のチーズで。
油をひいたフライパンで焼く。
できあがり!
チーズおやき
チーズはセミハード系のもので。
すりおろしチーズ
オリーブオイル
しお
こしょう
マッシュポテト
まぜて!
手で丸めて焼く。こげ目をつける。

ふろく
数年前、友人の友人のフランス在住のご夫婦が「アリゴ」という料理を作ってくれました。
ご主人はフランス人
奥さんは日本人
ボンジュール
マッシュポテトにトムフレッシュというチーズをたくさん入れて
練って練って・・・
すると
のびるんですーっ!!
ビョーン!!
ふおお～～っ!
ご主人の出身地オーベルニュの伝統料理。お肉の付け合わせなのだそうです。
このときはシカ肉のソテーに!
もっちりしていてむにむにした食感がとってもたのしいアリゴ!
ぜひ、おためしあれ!
ところでアリゴはチーズ料理なのか? じゃがいも料理なのか?
おいしい♡
どっちでしょう!

ブルーベリーの巻
目に良い
…というブルーベリー。
それだけで食べたい！
ム
年なみによる視力の低下は仕方ないがやはり職業柄「目は命！」
老化だにゃ
ふふっ
ブルーベリーにはアントシアニンとかポリフェノールとか目の疲れにいい抗酸化作用のある成分がいっぱいらしい。
食べ続けると良いのかな？
こんな効能もさることながらブルーベリーはおいしくて果物として大好き！
一石二鳥だよねー
近年は生のブルーベリーもお店で手に入るようになったし、生のブルーベリーを使ったお菓子もいろいろ。
ブルーベリー入りのみつ豆！
うまっ
六花亭の夏メニュー、お気に入りなのです！

ブルーベリーの栽培は
1980年代になって本格的に
始まったそうです。
北海道でもいろんな場所
で栽培されています。
大きいのや
小さいの
味の濃いのや
酸味のあるの
さいきんなんだにゃ
いろんな品種があるよ!
花も実のような形なのです。
・・・ということで
この10年くらい
長沼にある麻田農園に
ブルーベリーを摘みに
きています。
旬は7月下旬〜8月中旬
真夏の収穫です。
さすがの北海道も
あっつーい!
さぁー
いっぱい
摘むよ!!
オー!!!
オー!!

広い農園のなかを
木から木へ
移動しながら
摘みます。
せっせ!
なかなか
あつい!
暑くてのどがかわいたら
ブルーベリーで
水分補給
しながら
摘みます。
ひとやすみ
しよっ。
もぐもぐ
ハァー
おいちい
にゃー
ブルーベリーの
実は小さいので
摘んでも
摘んでもいっぱいに
ならない。
2~3時間かかって
ようやく2~3kg
収穫!
やれやれ
おわった
ー
ようやく♪

さて農園にいると
いろんな虫に出会います。
花から花へ
マルハナバチ
アブラムシ食べます！
てんとう虫
カミキリ虫
スズメバチ
カミキリ虫とスズメバチは害虫なのです
そして木と木の間には
立派なクモの巣
クモやてんとう虫は
益虫だそうです。
そして、このクモの巣に
いつも誰かが
ひっかかる……
ひゃあ〜
ももも何度か…
こうしていろんな虫を
見ていると益虫も害虫も
人間が勝手に決めたことで
虫たちはせっせと
日々を送っている
だけなんだよ
なあー
カミキリ虫さんキレイ！
虫…
さわりたい
チョイチョイ
したい
にゃー

さて、帰ってきたらすぐブルーベリーの始末。ゴミを取りながら大粒と小粒と適当に選《よ》り分けます。

分けたあとは塩水にさっとつけて小さな虫をとります。

虫がういてくるよ！

洗いすぎないように！！

大粒のは水気をふいて冷凍用の保存袋に入れて冷凍庫へ！

この冷凍したブルーベリーを凍ったままポリポリ食べるのが大好き！夏のおやつです。

ひんやりおいしい♥

小粒のは水気をふいてさとうを入れてジャムに！

レモンすこし入れるよ！

まぜまぜ
煮つめていくとアクがでてくるので、すくってとって。

はやくできないかにゃー

熱いうちに保存ビンに入れてできあがり！半年分はあるかな。
Blue Berry
ブルーベリージャムはいろんなものに使えるので重宝します。
パンにのせて食べるのはもちろん！
バゲットにのせて！
アイスクリームにかけたり、パンケーキやクレープにのせて。
肉料理のソースに使ったり、ドレッシングを作ったりします。
私の目に効いているかどうかわかりませんがブルーベリは暑い夏をのりきる果物です！
摘むのは大変だけどおいしいからいいよね！

ところでジャムといえば「ラ・ベル・コンフィチュール・マサコ」というジャムがだい好きです。
あんまりにもおいしいのでこのジャムを作るマサコさんに会いに真狩村へ！
ニセコ
羊蹄山
羊蹄山のふもとにアトリエとお店「トゥルモン」があります！
何度行ってもおいしい！
フランスで「ジャムの妖精」と呼ばれているクリスティーヌ・フェルベールさんのもとで修業したマサコさん＊
ピカピカしていて宝石みたい♥
味見してみてね！
師匠の教えを守って果物の産地のそばで旬の果物をジャムにしています。
そしてマサコさんに作ってもらったジャムのソーダ
とってもきれいでおいしい♥
ジャムってこんな風にも使えるのね！
マサコさんのお店「トゥルモン」では旬の果物も使ったデザートやジャムが楽しめるので、ぜひ寄ってみてくださいね。

ブルーベリーレシピ
ジャムの作り方
ソースっぽいジャムです。
Blue Berry Jam
ブルーベリーを鍋に入れてさとうをまぶす。
さとうの分量はブルーベリーの30〜40%
30分くらいおいてから
強火にかけて時々混ぜながら煮る。
アクがでてきたらとりのぞいてレモンをすこし好みで入れる。
保存ビンに入れてできあがり！
ブルーベリーのフローズンヨーグルト！
ヨーグルトはプレーンなものを。
ブルーベリージャム
レモン
ハチミツ又はオリゴ糖
ヨーグルト
アクセントに生のブルーベリーを入れてもOK！
全部混ぜて容器に入れます！
冷凍庫
＊冷凍用保存袋でもOK！
かたまったらできあがり！ほぐして器に盛っていただきます！
うまっ

とうもろこしの巻
夏の札幌大通公園は
ビアガーデンがとっても
有名ですが、
明治時代から続く
とうもろこしを売る屋台
「とうきびワゴン」も
夏の風物詩の
ひとつです。
うまーい
北海道では「とうもろこし」を「とうきび」といいます。
焼きとうきびにッビール!! 合うっよー!
「とうきびワゴン」には
ゆでとうきびと
焼きとうきびが
あります。
はい! ありがとう
ももはしお味のゆで派!
焼きとうきびはしょう油だれなのです。
ゆでとうきび1本くださーい!

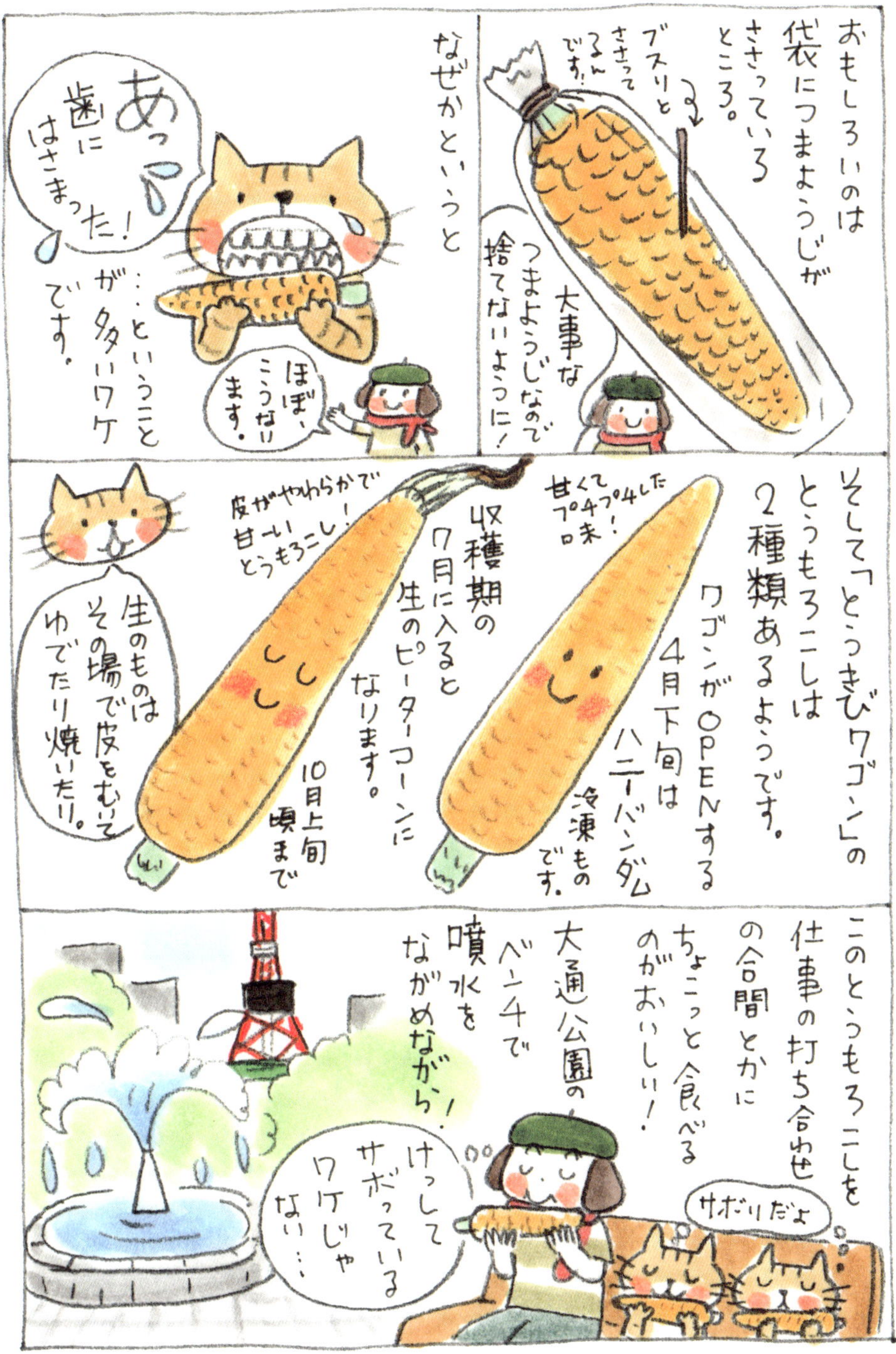
おもしろいのは袋につまようじがささっているところ。
ブスリとささってるんです!
大事なつまようじなので捨てないように!
なぜかというと
あっ歯にはさまった!
…ということが多いワケです。
ほぼ、こうなります。
そして「とうきびワゴン」のとうもろこしは2種類あるようです。
ワゴンがOPENする4月下旬はハニーバンタム
冷凍ものです。
甘くてプチプチした味!
収穫期の7月に入ると生のピーターコーンになります。
10月上旬頃まで
皮がやわらかで甘ーいとうもろこし!
生のものはその場で皮をむいてゆでたり焼いたり。
このとうもろこしを仕事の打ち合わせの合間とかにちょこっと食べるのがおいしい!
大通公園のベンチで噴水をながめながら!
けっしてサボっているワケじゃない…
サボりだよ

明治になってアメリカから北海道に
何品種かやって来たとうもろこし。
その一つが「八列とうもろこし」です。
アメリカ先住民から
伝わったそう。
粒の列が八列しかないので八列とうもろこしなんです！
「とうきびワゴン」も初期はこの八列とうもろこしを使っていました。
長いのにゃー
この八列とうもろこしは
明治から昭和初期まで
よく食べられていたもので
年配の人たちには
懐かしい食べもの。
冬場はおかゆにしてたんだよ。
北海道のとうもろこしの歴史を感じます。
その後、どんどん新しい甘い品種、スイートコーンたちが
上陸！
sweet
えへん
かたくて半日で食味のおちてしまう八列とうもろこしは作る人がいつしかいなくなってしまいました。
ところが三笠市にこの八列とうもろこしを復活させた人がいます。
及川さん
父さんの残した種があって、懐かしくなってまいてみたんだ！
へえ〜

及川さんは復活させた八列とうもろこしをみんなに食べてもらいたいと三笠の道の駅でもぎたてを焼いて提供したら大人気に！

しお水をかけながら、炭火でじっくりあぶって焼くんです！

特製の焼き台
初めて食べたとき、今まで食べてきたスイートコーン系のとうもろこしとはちがうおいしさにびっくり！

しみじみうまい
かみしめると穀物の旨みと甘みがしっかりあって、香りもいい。

やっと復活！

余談ですがこの八列とうもろこしは「伝統的な後世に残したい食べもの」と認められ、食の世界遺産ともいわれる「味の箱舟」に登録されています。

「味の箱舟」はスローフード・インターナショナルという国際機関が、世界中の絶滅の危機にある貴重な食べものを守るために作ったプロジェクトです。

そんな貴重な八列とうもろこしをしっかり次世代にもつなげたいと、芽室町の農家の川合くんが奮起！
生では流通にむかないけれど粉にするといいのでは。と自家製粉をはじめたのです。
できたよ〜!!
これならお菓子やパンにも使えるよね！
まってました♡
とうもろこしの粉って、ほぼ輸入品！国産はあまり見かけません。
corn meal
ほぼアメリカ産ね
そういえばとうもろこしの粉を普段の食卓で使うことってあまりないですもんね。
……ということで川合くんの作った八列とうもろこしの粉で何か作ってみることにしました。
何作ろうかなぁー
シンプルに八列とうもろこしを味わえるものって何だろう……
うーん！

とうもろこしの粉を使ったレシピをネットで検索！
コーンブレッドに決定！
よしこれっ！
しかし、食べたことのないものを作るのはドキドキ……！
大丈夫？
まっなんとか…
コーンブレッドはアメリカの開拓時代からの伝統料理。地域によって家庭によっても作り方がいろいろあるみたい。
感謝祭などでも食べるものなのです。
オーブンできつね色にこんがり焼き上がったときはとっても感動！
いいにおい
いい色♡
食仲間たちととうもろこしの粉を使ったパンやお菓子で会合です。
どうぞ！コーンブレッド
マフィンにしてみたよ
クッキーにしてみた
パンを作ったよ！
おいしいものは次世代にも食べてもらいたいものです。

とうもろこしレシピ
とうもろこしのおいしいゆで方
皮は一番内側の薄い皮を残して、ヒゲも先だけ切って残す。
カット
こうすると甘みが残ってうまいんだにゃ
しおをひとつまみ入れて水からゆっくりゆでる。
ゆで汁につけたままゆっくりさまして薄皮をむいてどうぞ♥
とうもろこしのスープ
食べるときにパセリをふって！
生のとうもろこしを包丁でこそぎおとします。
バターで炒めてしお、こしょうをします。
牛乳か豆乳を加えて、ミキサーにかける。
鍋に戻して温めてできあがり
*

トルティーヤの皮
①コーンミールと強力粉・しお・水を入れて、耳たぶのかたさになるまでこねる。
②等分に分けて丸めたら、ひとつずつ麺棒でのばす。
コロコロ
③こんがり焼いてできあがり
ホットプレートでOK!
チリコンカンやアボカドディップなどをつけてどうぞ!
コーンブレッド*
まぜまぜ!
①コーンミールと強力粉・さとう・ベーキングパウダー・しおを入れてよくまぜる。
②別のボウルにたまご、油、牛乳を入れてまぜておく。
①と②をさくっとまぜ合わせる。
③油を塗った型に流し入れオーブンで焼く。
型からだしてできあがりです。

イカの巻
イカ漁は
6月頃から始まります。
このイカは夏イカと
よばれ北海道に
夏を知らせます。
なにすんのよ
注 イカはおこると
赤くなります。
ビュッ
わあっ
うわあ
この時期スルメイカ(真イカ)
が北海道の
日本海側に北上
してきます。
スルメイカは日本で
一番食べられているイカ。
日本各地でよび名がいろいろ
イカ漁が盛んな
道南周辺では
夏から
イカが南下する
秋まで
漁が行われます。
せたな
札幌
函館
この の色が
道南地区

漁の期間中は
獲れたての
新鮮なイカ
が手に入ります!!
さらに函館の朝市に行くと
獲れたての透明な
ピッカピカの
イカを
お刺身にして
食べさせて
くれます。
コリコリと
してさっぱり
とした味わい!
ちなみに函館出身の
イカを知る友人
曰く・・・
お刺身は
獲れたてよりも
少し時間がたった
イカの方が甘味
がまして、おいしい
・・・とのこと。
違う
おいしさが
あるんですね。
そして夏の間
道南の漁師町を歩くと
イカ干し機がくるくる
回っています。
このイカは
一夜干しや
スルメになります。
おいしそう
一夜干し
スルメ
ちなみに
天日干ししたイカ全般を
「スルメ」とよぶそうです。
スルメは赤ちゃんの
歯がためや
うめぇ〜
ダイエット中の
おやつにも、良い
らしいのです。
日本酒
日本酒
飲んで
たら、ダイ
エットには
ならない
よね。

もものの食仲間にせたな町の漁師さんがいます。
イカやエビを獲ってるよ!
イカよりもイカす西田船長は「マーレ旭丸」という漁船でイカ漁に出ます。
マーレ旭丸
西田船長は持ち前の行動力とアイディアで当時(約20年前)まだ誰もやってなかった漁↓加工↓販売を始めました。
デパートの催事に出展することも
酢漬けのさくらいか
イカの三升漬
イカの塩辛
松前漬
一夜干し
いろいろあるね!
イカソーメン
スルメ
ももが西田船長の商品で気に入ってるのは「漁師のいかめし」というイカめし。イカにもち米をつめて炊き上げる郷土料理。
このイカめしは西田家伝統の味で作るのは奥さまの恵理子さんです。
漁師の家庭で作る昔ながらの味をたのしんで!

イカめしは昔母が1年に一度くらいだったけど作ってくれていたかも。子ども心にごちそうだった記憶が・・・・
たべたい・・・・
まだかな
そういえば自分で作ったことがないかも・・・
そりゃイカんな！
娘にも家のイカめし食べさせたいな！
娘も食いしんぼうだからにゃ
きっとよろこぶにゃん！
さて、そんな西田船長がこの10年来手がけていることがあります。
海のことや漁業のことをもっといろんな人に伝えたい！
知らないこといっぱいあるにゃー
「もっと海を知って感じてね。」という意味の「海フィール」という1泊2日の小さなワークショップを夏に開催しています。
せたなのシンボル三本杉岩だにゃ

「海フィール」ではイカをつってさばいて食べるまでを体験します。
ボロボロだにゃ
ムムッ
ちぎれた!
さばき方は浜のかあさんたちがおしえてくれます。
こうするとむけるよ
つるーん
手際の良さに感激!
そして最近は西田船長のもとに近郊の農家や牧場の若者が集い「海フィール」のメンバーに!
おかげで海だけではないせたなのおいしさを知りました。
せたなは海も山もあるのです。
今では「海フィール」というより「せたなまるごとフィール」に!
むこうに海が見えるね
おお!
魚介も野菜も米も牛や豚、羊もなんでも揃う土地なのです。

夜の交流会では
せたなの海と山の食材で
とっておきのごはん。
今、思い出しても
このごはんは
とっても…ごっつか！
食べきれないよー
ホクホク
生産者が参加しているからね〜

そして一番のごちそうは
せたなの風景！
日本海に落ちる
夕陽をながめながら
土地のものを味わい
自然に生かされている
ことを感じるのです。

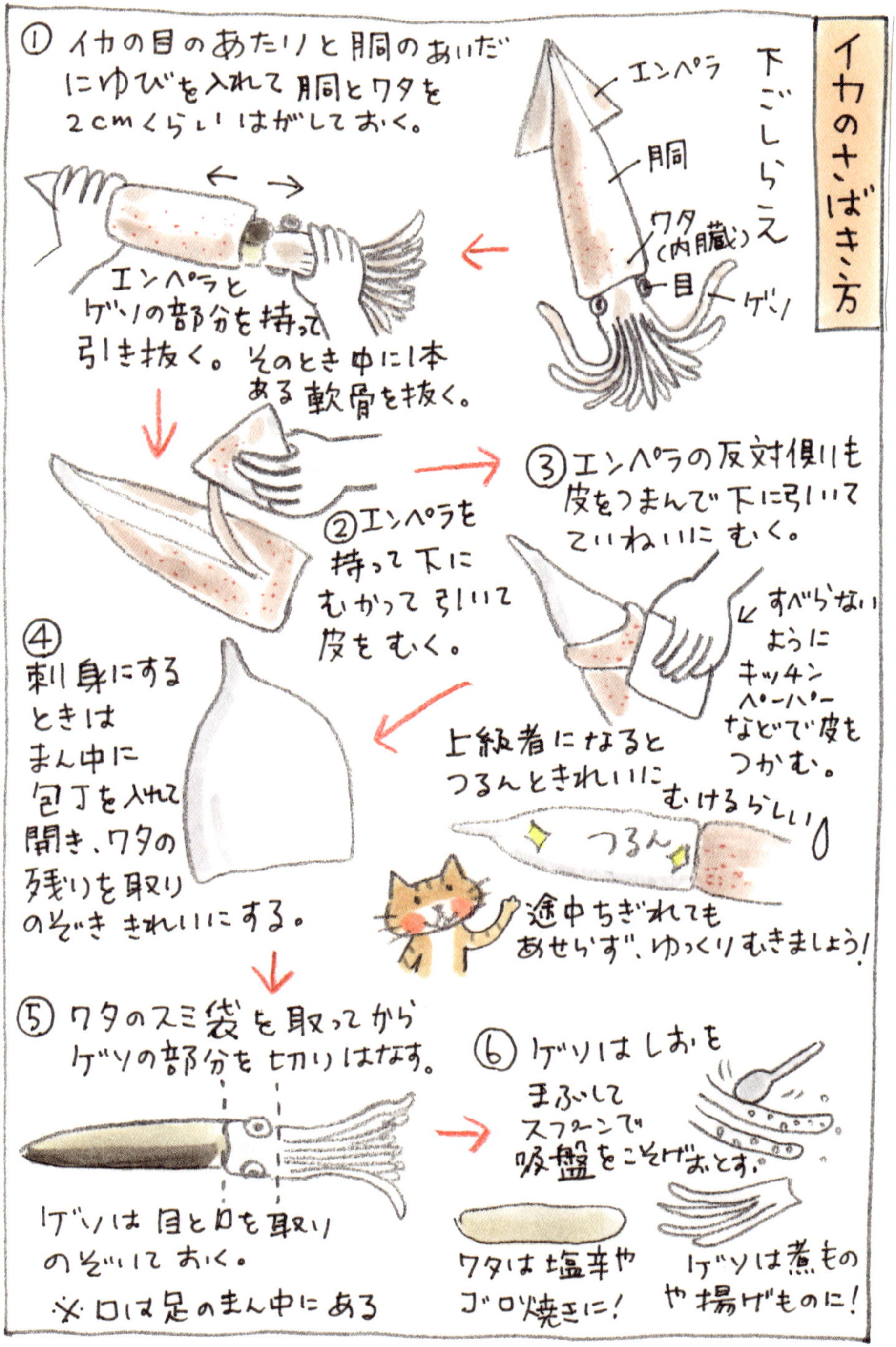
イカのさばき方
下ごしらえ
エンペラ
胴
ワタ（内臓）
目
ゲソ
① イカの目のあたりと胴のあいだにゆびを入れて胴とワタを2cmくらいはがしておく。
エンペラとゲソの部分を持って引き抜く。そのとき中に1本ある軟骨を抜く。
②エンペラを持って下にむかって引いて皮をむく。
③エンペラの反対側も皮をつまんで下に引いていねいにむく。
すべらないようにキッチンペーパーなどで皮をつかむ。
上級者になるとつるんときれいにむけるらしい
つるん
④刺身にするときはまん中に包丁を入れて開き、ワタの残りを取りのぞききれいにする。
途中ちぎれてもあせらず、ゆっくりむきましょう！
⑤ワタのスミ袋を取ってからゲソの部分を切りはなす。
ゲソは目と口を取りのぞいておく。
※口は足のまん中にある
⑥ゲソはしおをまぶしてスプーンで吸盤をこそげおとす。
ワタは塩辛やゴロ焼きに！
ゲソは煮ものや揚げものに！

イカめし
小ぶりのイカで*
断面はこんなふうに
① 下ごしらえ①までのイカを用意。
中に残っているワタがあったらきれいに取りのぞく。
←皮がついててもOK!
② もち米は水にひたしておく。
2〜8時間
③ イカの中に②のもち米を8分目までつめてつまようじで口をとめる
おとしブタ
煮汁がなくなり米が炊けたらできあがり!
④ さとう、みりん、酒、水で煮汁を作り、③のイカを並べ、おとしブタをして1時間ほど弱火で煮る。
ふろく
せたなで克服した食べものがあります。
それは「うに」
ムラサキウニ
エゾバフンウニ
実はとっても苦手でした。
あっうに…
せたなのうに汁だよー!
どうも生臭いような苦いような気がして
意を決しておそるおそる食べてみると
おいしい プリプリ甘い 生臭くない……
塩水うになんだって!
すっかりうに好きに!
食べまーす!
うふふ
チェッ!!
もらえなくなったぜ

おまけコラム 2

えりも岬の「短角牛」

いつぞやか、フランスのモンサンミッシェルで食べた「**ムートン・ド・プレサレ**」。この地域でしか食べられない羊です。フランス語で「ムートン」は「羊」、「プレ」は「牧草」、「サレ」は「塩漬け」という意味で、直訳すると「塩の牧草を食べた羊」。海沿いの湿地帯で塩を含んだ牧草を食べて育まれた羊には、独特のうま味があり、最高級の食材として知られています。

同じように海岸線、湿地帯ではないけれど強い潮風が吹く、えりも岬に放牧された短角牛を見たときに、モンサンミッシェルの「ムートン・ド・プレサレ」を思い出しました。いわば「**えりもビーフ・ド・プレサレ**」です。

この短角牛を飼育しているのは「**高橋ファーム**」の高橋祐之さん。えりもでは、昆布漁師が兼業で、夏の昆布漁の忙しい時期でも手がかからずに育てられる、短角牛の飼育を始めた時期があります。しかし時代を経て、赤身肉の短角牛は霜降り肉の和牛の人気に押されてしまい、えりもで短角牛を飼育するのは高橋ファームのみとなってしまいました。

放牧され自分たちで生活している短角牛たちは、岬の丘を自由に歩きまわり、人懐こく、性格は穏やかです。そんな短角牛ですが、今では赤身肉と健康な環境で育つことが人気となり、全国からえりもへ人が訪れています。このえりもの短角牛は、高橋ファーム内の焼肉小屋「**短々**《たんたん》」と農家民宿「**守人**《まぶりっと》」で、じっくり味わうことができます。

……秋……

Autumn!!

小麦とパンの巻
国産小麦
のほとんどを
栽培している
北海道。
小麦畑に行くと
吹き渡る風に
ざわざわ ざわざわ
ゆれる小麦の音が
心地良く聞こえてきます。
とってもおだやかになるんだにゃ
じつは小麦って
全体のたった13％前後が
国産で、それ以外は
輸入にたよっています。
えーっと
ほんとうに少ないよねー
国産って貴重だにゃー

なので国内で製造しているほとんどのパンは輸入小麦を使ったもの＊
世界中にはパン用小麦がいろいろあるよ
そんな中、1985年頃北海道でパン用の小麦品種の「ハルユタカ」が登場します。
安定した栽培まで約10年かかりました。
パン用小麦のスーパースター
おいしいパン用小麦を作りたい。という研究者や生産者、製粉会社などたくさんの人たちの長年の努力で生まれた小麦です。
ひとつの品種ができるまでってほんとうに大変！
ぶじ粉になったね！
パンになるにゃ
ハルユタカ小麦粉
1997年には北海道産小麦を100%使ったパン屋さん「シロクマベーカリー」（旧れもんベーカリー）がオープン！
カンパーニュおいしく焼けたよ＊
これからは北海道産小麦の時代だね！
荒川社長
先見の明があったにゃ！
ここから国産のパン用小麦栽培や北海道のパン作りが大きく変わりました。

※ハルユタカ誕生については江別製粉の「ハルユタカ物語」へ

このお店のカンパーニュを初めて食べたときはほんと大感激！焼き上がりのバリッとした感じとこうばしい香り、噛みしめたときの小麦の甘みがとってもおいしい！
よくぞここまでのパンに＊
北海道のパンの夜明けだ！
うまい！
味も香りもいいにゃ
このパンがきっかけで北海道の小麦やパンのことがだい好きに＊
小麦畑を訪ねたり、製粉会社を見学したりパン職人さんの話を聞いたり興味はつきません。
パンっておもしろい
「ハルユタカ」に続く品種も登場しつづけています。
主な小麦だよ！
春よ恋
ハルユタカを母にもつ小麦。香り良く、さっぱりとした風味。
はるきらり
あっさりとした甘みと香りをもつ小麦。
ひとつの品種を作るのに10年以上かかることも！
キタノカオリ
甘みのある小麦。もちっとした食感のパンになる。
ゆめちから
超強力粉として登場した小麦！他の小麦と合わせて使いたい。
きたほなみ
パンにも麺にもむく小麦！

そして北海道中に北海道産小麦を使ったパン屋さんもふえました☆
ソーケッシュ製パン×トモエコーヒー（喜茂別町）
地元の小麦や素材で焼くパン！
やぎや（札幌市）
やぎのミルク酵母で焼くパン！
此方（コチ）（厚真町）
自家製酵母で焼くパン
fu-sora（白滝）
小麦農家が焼くパン！
自家製石臼挽きの粉で焼くパン
ポトリベーカリー（長沼町）
ライ麦パン
ライ麦酵母のパン
パン工房こんとれいる（岩見沢市）
地元の粉と素材をできる限り使ったパン！
ヒュッテ（七飯町）
土地の味を大事にしたパン！
たかがパン されどパン
せっかく北海道に住んでるから できるだけ北海道産小麦のパンも食べたい！
それが実現できるのも どんどん進化する パン用小麦の活躍のおかげですね。
国産小麦っておもしろいなあ

さて、小麦やパンがおもしろくて追いかけてきた私…。
食べるだけの人だにゃ
いやいや
ようやく自分でも焼いてみたい♥という気持ちがむくむく。
どんなパンが焼けるかな？
できるかにゃー
いざ焼いてみると最初は失敗だらけ
ふくらまないかたいパンがゴロゴロできちゃいました。
ふくらんでない～
もちろん北海道産小麦で
それで友人にときどきおしえてもらったりしつつ……
これでいいの？
いいよ
どうにか焼けるようになりました。
おっ、ふくらんでるよ♥
三歩進んで二歩下がるというようなパン作りだけど
焼き上がると、どんなパンでもカワイイ♥
わが子のようにカワイイ♥
ホカホカ

このカワイイパンを食べてもらってほめられたときのうれしさは格別！
食べてみて！
おいしいよ！
ほっと
ちょっと上達すると娘もよってくる
何作ってるのー？
レーズンパーン！
おいしそー！
自分で焼いたパンで囲む食卓はうれしさが倍増！
どうパンっ？
よく焼いたね！
おいしいよ！
ジャムに合う！
今日はパンが主役だにゃ…
さて、ひさしぶりに北海道産小麦でパンを焼こう！
ルルルン♪
え゛！！
ちょっとー
さっきのパン生地ふくらんでないにゃ〜

パン作りレシピ

まんまる ハチミツ ヨーグルトパン

ドライイースト 5g
薄力粉 60g
強力粉 240g
しお5g

① ボウルに材料を入れてさっと混ぜておく。

②
プレーンヨーグルト 60g
スキムミルク 30g
ハチミツ40g
ぬるま湯 140cc
別のボウルで混ぜておく。

③ ①と②を混ぜ合わせ、こねる。
まとまってきたら台の上に出してさらにこねる。

④ 生地がなめらかになったらバターを加えなじませるようにこねる

バター18g

ひっぱって薄い膜が張ったように伸びればOK！

⑤ 油をぬったボウルに④を丸めて入れ、ぬれたフキンをかぶせる。

30℃くらいの場所において（オーブンの中など）一次発酵させる。

⑥ 約2倍の大きさにふくらんだらパンチしてガス抜きする。

プシュッ

⑦ 生地を台の上にだして10等分して丸めて天板の上にならべる。

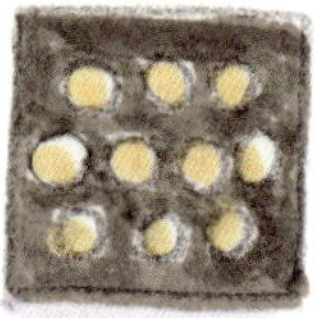

ラップorぬれたフキンをかけて休ませる。（ベンチタイム20分）

⑧ 生地を丸めなおして、30℃〜35℃のオーブンで二次発酵

1.5倍の大きさにふくらんだら250℃に予熱したオーブンに入れ、140℃で14分焼く！

焼き上がればできあがり！

チーン！

パンがあまったらレシピ

パンプディング

① あまったパンを
ちぎったり、もんだり、
フードプロセッサーなどで
細かくする。

パンは食パンの他
バゲットやカンパーニュが
おすすめ！

② ボウルに①と牛乳、たまご
さとうを入れて混ぜ合わせる。

まぜ
まぜ
牛乳
たまご
さとう

その後、
10分くらい
おいて、なじ
ませる。

③ フライパンに
バターをひいて
②をこんがり
焼いてできあがり！

具にレーズンやナッツなど入れてもgood
クリームやジャムをそえてどうぞ！
かんたん、おいしい♥

フレンチトースト

食パンじゃなくてもOK！
できるだけかんそうしたパンで！

① パンをつける液を作ります。

パンは
バゲットや
カンパーニュも
おいしい！

たまご
牛乳
マーマレード
orハチミツ
orさとう
とかしバター
しお
全部
入れて
まぜる！

② パンは適当な大きさに切って
バットに並べて①を流し
入れる。

パンが
かくれる
まで入れ
てね！

ふたをして
冷蔵庫で3h〜1晩
おく！

③ 熱したフライ
パンにバターを
ひいて、両面、
こんがり焼いて
できあがり！

バニラアイスを
のせても
おいしいよ！

かぼちゃの巻
ほくほくした
かぼちゃは秋の味覚!
わぁー かぼちゃの季節だよー
おいしそう!
はやくたべたい
北海道では8月〜10月頃かぼちゃを収穫します。
へたがひび割れて、かれてきたら収穫だよ!
そして収穫後約1ヵ月ほど涼しいところでねかせます。
なので食べ頃は9月〜12月頃になるのです。
甘くなるのよ♥
ZZZ

ところで かぼちゃの 生産量は 北海道が
ダントツ!
全道の あちらこちらで 作られています。 オホーツクや道央や
これは 道南の だよ!
どこの かぼちゃもおいしいね!
かぼちゃは 大きく分けると 3種類 あります。
へえー
日本かぼちゃ
甘みはあっさり! ねっとりしていて 煮ものにむく。
西洋かぼちゃ
ホクホクして 甘味がある。
ペポかぼちゃ
ズッキーニや ソーメンかぼちゃも 仲間。
北海道のかぼちゃは ほとんどが西洋かぼちゃ。
ホクホクと甘いのは 昼と夜の 寒暖の差が あるから なんですって!
ゆでたり蒸したり するだけでも おいしいよ!
最近は各地で いろんなブランドが 作られていて、 北海道では かぼちゃが 熱いのです!
森町の くりりん
メロンより 甘いらしい

北海道のホクホクかぼちゃ
いっぱいあるね
札幌産
大浜みやこかぼちゃ
上品な甘みとホクホク感！
形や大きさに等級のある高級かぼちゃ
りょうおもい
1月末まで食べられる
ホコホコやさしい甘さ！
夕張産
夕張坊っちゃん
コクのある甘さ！
雪化粧
煮ものにしたいさっぱりとした甘み
栗マロン
栗のようなコクのある甘み！
くりゆたか
さらっとした甘み
大玉で広く栽培されている。
味平
十勝やオホーツクで栽培
食感が良く甘みがある。
ほっとけ栗たん
新しいよ
ホコホコ甘い！栽培しやすいかぼちゃ
今ではたくさんの品種がありますが明治開拓時代から昭和30年頃まで重宝された在来種のかぼちゃがあります。
固くてネズミがかじれないほどの皮をもつまぼろしのマサカリかぼちゃです。
ラグビーボール大

その固さはというと
名前のとおり
マサカリやナタじゃないと
割れないほど。
別名
ナタワレ
かぼちゃ
とも・・・・
実
約実物大です!
厚さが
1mm
以上
ある。
皮
うちには
マサカリも
ナタもないので
手に入った時は
なんとコンクリートの
上に落として
割っています。
えい!!
おとすよー
割れたにゃ!
何か敷物をしいてね。
なんとか
割ったら
蒸すか
炭火で
焼いて
食べます。
食べるときは
スプーンで・
とてもホクホク
していて素朴な
甘み。
この素朴さが
たまりません。
バターを
のせても
おいしいよ

あーまた食べたい♥
…と思っても
市販されることが
ほぼないので
すぐ手に
入らないけど
作る人がいないんだぬ
守っていきたい
かぼちゃです。
そして、
マサカリの味を
受けつぐ
「ほっとけ
栗たん」が登場！
新品種なんです！
さて、かぼちゃが
1個あったら
どうしますか？
食べきれないわー
使いきれなかった
残りを冷蔵庫に
入れておいて
忘れてしまった
なんてことも
ありますよね
ぎゃー！カビてる
そこでおすすめは
最初に全部蒸して
しまうこと。
うちにはレンジがないしね
使わない分は
保存袋に
入れて
冷凍庫へ
こうしておけばとっても便利！

蒸したばかりのものは
ホクホク感を
大切にした
料理に。
かぼちゃサラダ
蒸したまま
さっとしおを
ふるorバターで
かぼちゃのニョッキ
熱いうちにつぶして作る!
かぼちゃコロッケ
冷凍したものは
かぼちゃの繊維質が
分断されて
やわらかく
なっているので
それを
活かした
料理に!
かぼちゃのグラタン!
かぼちゃだんご
かぼちゃのポタージュ
冷凍しても
栄養は
変わらないんだよ
かぼちゃは
ほかにも
揚げたり
焼いたり
煮たり
なんでもOK!
ほーんと
万能野菜です!
パンやお菓子にもいいよ
冬のビタミンだにゃー
冬至には
かぼちゃぜんざいも!!

かぼちゃレシピ

かぼちゃのサラダ

とってもカンタン！

①蒸した（かゆでた）かぼちゃを一口大に切って、きざんだレーズン、くるみ、マヨネーズを入れて混ぜ合わせる。

レーズン
くるみ
マヨネーズ
しお
こしょう

②しお、こしょうで味をととのえて、できあがり。

かぼちゃのポタージュ

カンタン！

①蒸した（かゆでた）かぼちゃと牛乳をミキサーにかける。

こしょう
しお
ブイヨン

②鍋にうつしてブイヨン、しお、こしょうで味をととのえてできあがり！

かぼちゃだんご

①蒸した（かゆでた）かぼちゃをつぶして片栗粉を入れて混ぜ合わせる。

バターとしょう油でどうぞ

お好みでしおを入れて！

②小判型にまとめてフライパンで両面焼いてできあがり！

こんがり焼いてネ！

かぼちゃのグラタン

あっあっ!

①蒸した(か、ゆでた)かぼちゃに、しおこしょう・ナツメグ(粉)を入れて、ざくざくつぶすように混ぜておく!

こしょう
しお
ナツメグ
ナツメグはお好みで!

②ひき肉とみじん切りの玉ねぎ、にんじんをしお、こしょうで炒めておく。

③グラタン皿に①と②を交互に重ねて入れて上にチーズをたっぷりのせてオーブンで焼く。

チーズ

かぼちゃのニョッキ

オリーブオイル焼き*

①蒸した(か、ゆでた)かぼちゃをつぶして小麦粉・粉チーズしお・こしょうを入れて、こねる。耳たぶくらいの固さにねってまとめる。

大きなおだんご状に

②棒状にのばし一口大に切る。白玉だんごくらいの大きさに丸めてフォークでつぶします。

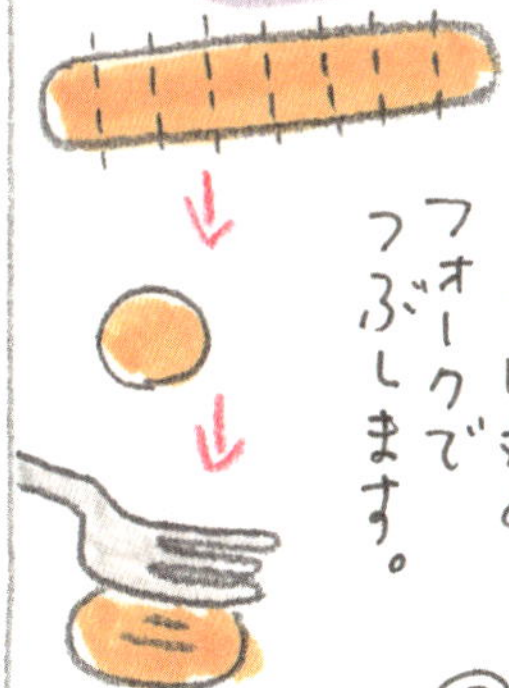

③②をゆでて、フライパンにオリーブオイルをひいて焼く。粉チーズとパセリをふってどうぞ。

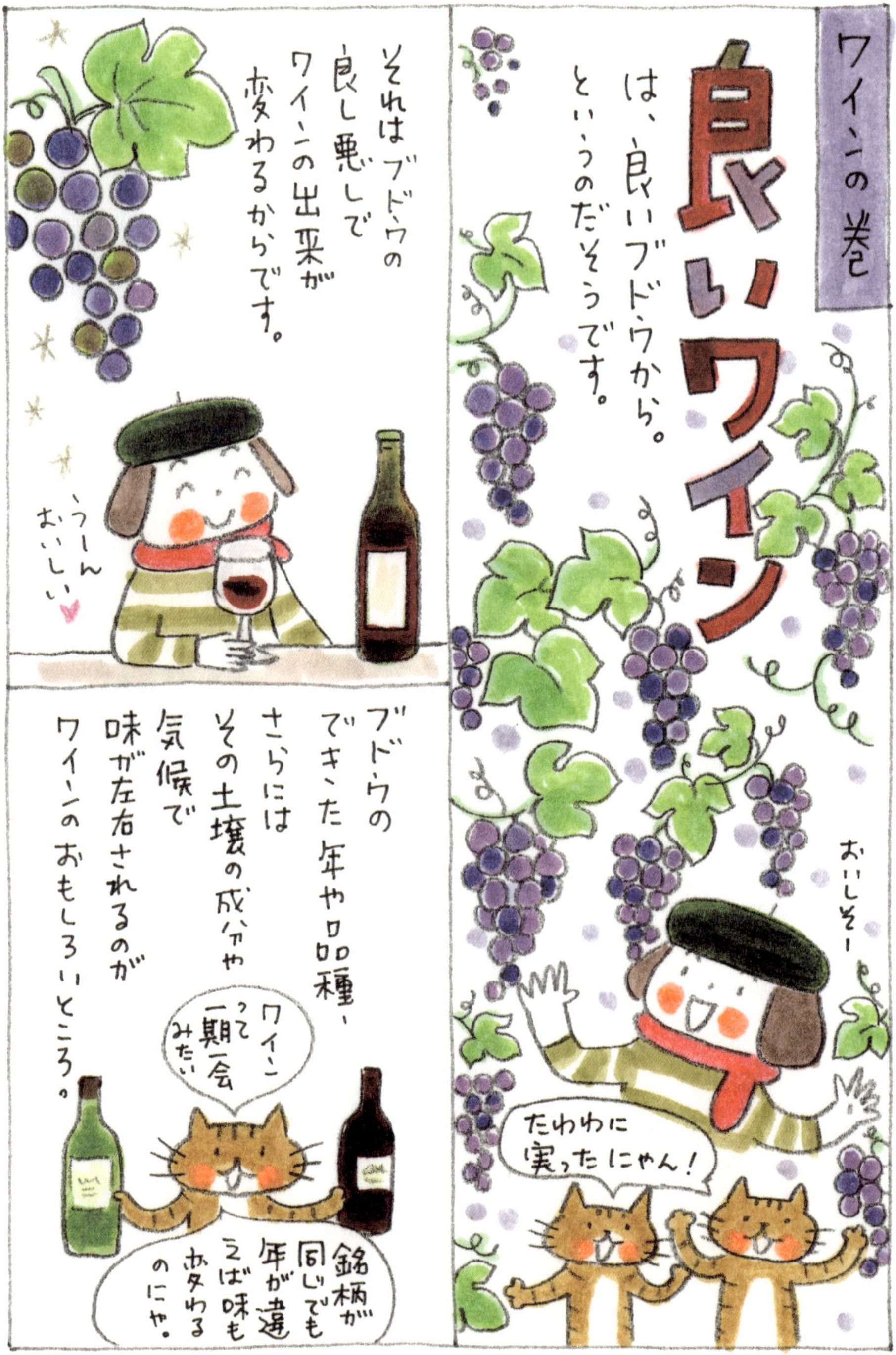
ワインの巻
良いワインは、良いブドウから。
というのだそうです。
おいしそー
たわわに実ったにゃん！
それはブドウの良し悪しでワインの出来が変わるからです。
うーん おいしい♡
ブドウのできた年や品種、さらにはその土壌の成分や気候で味が左右されるのがワインのおもしろいところ。
ワインって一期一会みたい
銘柄が同じでも年が違えば味も変わるのにゃ。

北海道のワインも近年どんどん進化しておいしいワインが登場しています。
多すぎて飲みきれません
北海道のワインの歴史はなんと明治の開拓時代から。
札幌にあった「札幌葡萄酒製造所」がはじまりでした。
1876〜1913年まででした。
その後、十勝池田町のワイン事業がきっかけで北海道のワイン作りが本格化。
ケルナーとか
バッカスとか
ピノ・ノワールとか
ワイン用のブドウの栽培もはじまりました。
今ではワイナリーの数もどんどん増えて30ヵ所以上に！
すごいねぇ
留萌
旭川
富良野
小樽
札幌
千歳
帯広
奥尻
函館

おかげで今ではあちらこちらにヨーロッパのようなブドウ畑の風景が広がっています！

きもちのいい風景だよね！

最近では各地でワインをたのしむイベントが開催されています！

ワイナリー巡りやワインツーリズムとかたのしいよ！

いろんなワインをその土地の味覚と一緒にたのしむことができて、飲んべえにはうれしいかぎり♥

さぁ飲むよ！

わぁ〜い!!

そんな私にワインラベル(エチケット)のお仕事がやってきました。
おおー
食いしんぼうとしては食べものや飲みものの仕事ってほんとーにうれしい♥
わぁー飲もうよ!
昨年初めて発表された山ブドウのワインのラベルです。
まずは、飲んでみて! 7人で作ったんだよ。
生産者の宮崎さん
このワインはやわらかで酸味が少なくてするすると飲める心地良い味。
うまーい
山ブドウじゃないみたい♪
たまには仕事しなくちゃねー
どんなラベルにしよう…
せっせ♪
そしてできたのは7人の生産者にちなんでこんなイラストラベル!
かんぱーい!
Shimizu Rosso 2015
清水ワイン研究会
果実酒
現在はさねんころに改名。

そんなご縁で
その年の秋、
第2弾の
仕込みの
お手伝いに！
やるぞ
お！
猫の手
だけど
にゃ！
醸造所に行くと
収穫された
山ブドウが
かごに入って
山積みに…
ひゃあー
いっぱい
だねぇ…
この山ブドウの実を
房から ひと粒ずつ
はずすのです。
猫の手も
がんばる。
せっせっ
この年は
ていねいに
ぶどうを
はずして
います。
これがなかなか大変！
山ブドウは粒が
小さい。
そして固い。
やたら時間が
かかるのです。
なかなか
大変…
プチッ
ポイッ
まだ
こんだけ

房からはずした
実と
房のままの
山ブドウも
加えてタンクへ！
両方入れることで
味わいが豊かに。
お手伝いは
ここまで。
はあ、つかれたね。
おつかれ
にゃん
あとは
ブドウたちに
おまかせ！
おいしいワインになってね！
ぴっちりつめてフタをしめます。
このあと
ブドウは
野生酵母が
あばれだして
プクプク
発酵して
きます。
すっごく元気！
ガス抜き
プクプク
20日くらいすると
発酵がおさまるので
果汁をしぼり
樽につめます。
ゆっくりねかせよう。
この時点で
どんなワイン
になるか
わかる
らしいよ！

時々、味見しつつ おいしくなるまで ゆっくり ゆっくり ねかせます。
もう少しかな…
どうですか？
良い味になったら ボトルにつめて ラベルを貼ります。
ボトルにつめたあとも ゆっくりねかせるよ！
今年のラベル
本数が少なくて市場にはでないの
ワインって 水もさとうも 何も使わず ブドウのもっている 力だけで 作られているのです！
ブドウってすごいよねー
まさに良いワインは良いブドウからですね。
さて、もうすぐできあがり！ 私が仕込みを手伝ったワインの出来はどうでしょう？
たのしみだにゃー
どんな香りかなあ
どんな味かなあー
わくわくするねー

数ある北海道のワインをちょこっとご紹介!
月浦ワイン（洞爺湖町）
洞爺湖畔に広がるブドウ畑。
ナカザワヴィンヤード（栗沢町）
オーガニックのブドウで作る自然派ワイン
山崎ワイナリー（三笠市）
ブドウにクラッシック音楽をきかせている。
農楽蔵（函館市）
ラベルが個性的ですてき!
ドメーヌ・タカヒコ（余市町）
ビオのピノノワールのみで作るワイン!
藤野ワイナリー（札幌市）
いろんなタイプのワインを作っている。
松原農園（蘭越町）
食事とともにいただきたいワイン。
宝水ワイナリー（岩見沢市）
映画の舞台にもなったワイナリー
いろいろ飲んでみてくださいね!
奥尻ワイナリー（奥尻町）
潮風にふかれたブドウのおいしさがつまったワイン!
タキザワワイナリー（三笠市）
しっかりと個性をもったワイン作りを行っている。

鮭の巻
秋の魚と
いえば鮭！
秋になって産卵のために川に上ってくる鮭を秋鮭とか秋味とよんでいます。
鮭のシーズン
鮭は獲れる季節や環境などで呼び名が変わります。
ちなみに秋鮭は9〜11月頃北海道・東北の沿岸に戻ってきたときの呼び名です。
さっぱりとした味で、しお漬けにして熟成させるとおいしいのです。
鮭、だい好き
白鮭のなかま

鮭はアイヌの人たちにとってもずーっと昔から身近で大切な食べもの。

つった鮭は柳の枝にさしてもってくるんだにゃ
アイヌ語では「カムイチュプ」（神の魚）や「シペ」（ほんものの食べもの）とよばれ、頭から尾の先まであますことなく利用されていました。

鮭の皮はくつになったりしてました。

まさしく神の魚！暮らしにかかせないにゃ！

彼らは漁の時期、たくさん獲った鮭を囲炉裏の上でいぶして干します。

こうやって保存して一年中鮭を食べていました。

獲るのは産卵後の鮭でした。

アイヌの人たちはこの干した鮭をオハウという汁ものにしていました。
ほかにも食べ方はあるけど
オハウが代表的ね!
鮭のオハウだにゃ
当時は水で戻して山菜と煮込んでたんですって!
ももは以前、現代風にアレンジした鮭のオハウを食べたことがありますが
おいしいの?
はあ 体にしみるおいしさ…
昆布だしにしおのみで味つけしたシンプルでやさしい味でした。
そして食べて思ったのは
なんとなく石狩鍋ににてるかも…
ということ。
鮭のオハウは石狩鍋のルーツかもですねぇ。
鮭のうま味がいいだしになってるにゃ〜

この時期、ももの家では鮭を半身か1匹で買います。
さあ！切り分けるぞー！！
気合いだ！
おとくですにゃ
しっかり切り分けてにゃ
そして下味をつけて冷凍しておきます。
・しおのみ
かるくふっていろんな料理に使えるように。
・しょう油みりん漬け
そのまま焼くとてり焼き風。お好みでニンニクを！
どれもおいしいにゃ
・塩こうじ漬け
うまみがぎゅっとでます。
もみもみして冷凍！
こうやって昔のアイヌの人たちのように鮭をたくわえておきます。
ホクホク
あると便利！
おかずや具材などわが家にはいつでもないと困る魚です。
よし！今日は鮭のクリーム煮にしよう！
わあい
Come Back Salmon

さて鮭をおろすと
アラがでます。
そんなときは
石狩鍋！
じっくりと
煮出した
アラのだしが
うまい♡
野菜はお好みで！
やっぱりオハウににてる！
尾に残った身は
たっぷりのしおに漬けて
から焼いてふりかけに。
これを
作っておくと
おにぎりにパスタに
ほんと便利！
ゴマとか入れてもgood!
鮭って大きくて
食べごたえもあって
和食にも洋食にも
合うのがすごいところ。
すごいでしょう?!
そして人が集まると
食べたいのが
チャンチャン焼き！
鮭の半身がのっている
……ちゃっちゃっと
手早く作れる
伝統料理です。
ごうかいだにゃー！

チャンチャン焼きのポイントはバターを使うところ。あまみそのタレとからんで鮭と野菜によく合います。

あまみそはハケでぬってもいいしかけてもいい!

たれ
いいにおい
鮭の身をほぐして野菜とまぜて食べるんだよ!

収穫の秋に食べるチャンチャン焼きはまさしく秋の味!

家族や友だちとテーブルを囲んでごうかいに!

ぜひ、おためしあれ!

鮭のレシピ

鮭のチャンチャン焼き

ごうかいに!
鮭をど〜んと
のせて!

①野菜はお好みで
キャベツ・ピーマン
もやし、玉ねぎなど
適当な大きさに
切っておく。

鮭のまわりに
野菜をおく。

②ホットプレート
（又は鉄板）に
バターをとかし
鮭と野菜を
のせる。

③白みそとみりん、
さとうをまぜた
甘みそを作って
かける。

ハケでぬるよ
みそだれです。

④ふたを
かぶせて
蒸し焼き
にする。

石狩鍋

とっても
あったまる
寒いときに
食べたい鍋!

①鮭の切り身と
アラは湯通しする。
野菜は大根、長ねぎ、
じゃがいも、にんじん
キノコ類など。適当な
大きさに切っておく。

②昆布を入れた
鍋にアラを先に
入れてだしをとる。

アクを
とって…

③切り身と
野菜を入れて煮る。
途中、みそを入れて
できあがり。

しお味
でも
OK!

鮭とほうれん草のクリーム煮

ごはんでもパンでもどっちにもよく合う!

①鮭は一口大に切って、しおこしょうで焼く。ほうれん草はゆでて5cmくらいに切っておく。

②じゃがいも、にんじん玉ねぎは一口大に切る。

③鍋に水(半分以下)とブイヨンを入れ、②の野菜を煮る。

④③に火が通ったら、牛乳を加え、①の鮭とほうれん草を入れて、しお、こしょうで味をととのえる。

あまったらリゾットに!

鮭とキノコのおろし煮

さっぱりしてる!

①鮭は一口大に切っておく。しめじとえのきは石づきをとってほぐしておく。

鮭
しめじ
えのき

②鍋に水を入れだしをとる。(だしパックでもOK)①の材料を入れて煮る。

しょう油
鮭
しめじ
えのき

③大根をおろす。量はお好みで!

②が煮えたら、火を止め、③を入れてフタをして、少しむらしてできあがり!

おまけコラム 3

アイヌの伝統食「オハウ」

もう10年前のこと、取材で訪ねた先の小樽にアイヌ料理を出すお店がありました。何品かいただいた中に「**オハウ**」があり、おいしかったのを覚えています。「オハウ」は、「温かい汁もの」という意味のアイヌの伝統料理。**三平汁や石狩鍋のルーツ**ともいわれています。私たちにとっては、お味噌汁のようなものでしょうか。

それから数年経ち、食仲間のシェフがいろいろ研究してオハウを再現、私は再びオハウに巡り会いました。その時食べたオハウは、昆布のうま味をじっくり煮だした出汁に、**ラワンブキと短角牛**を合わせ、調味料は塩のみというシンプルなもの。昆布のうま味と肉のうま味が合わさって、じんわりと体が温まる優しい味わいでした。そして今年、同じシェフのお店に食事に行った際に出されたのは「**鮭のオハウ**」。

出汁はやはり昆布から。下処理をして焦げ目をつけた鮭は臭みはなく、出汁ととてもよく合います。前回いただいた「お肉のオハウ」もおいしかったけど「鮭のオハウ」はそこからずいぶん進化していました。

オハウには決まった具材はなくて、「山菜のオハウ」や「シカのオハウ」など、その季節ごとにとれるもので作っていたそうです。

ご自宅でも「オハウ」は作れます。昆布の出汁で具材を煮込み、お塩でシンプルに味をつけるだけ。ぜひ、いろんな食材で試してください。その時には、アイヌの方々にならって、**食材に感謝を込めて**じっくりいただきたいものです。

冬 Winter!!

キャベツの巻
でっかい
札幌大球《たいきゅう》キャベツ!!
生産量がぐっと少なくなってしまった伝統野菜です。
おもーーい!
すごいにゃーん!
ほんと大きいにゃー

比較してみると普通のキャベツの10倍以上!
Hi!
昔は20kgにもなったよ
それでもなぜか葉の数は同じ!
おっきい、ネェ〜
ボクの10倍以上なんだね!

この札幌大球は
大きく育った
キャベツの種を
次々育てていったら
大きくなった
らしい。
ホップ
ステップ
遺伝子のふしぎ
ジャンプ!
おっきい!!
すごー!!
昔、札幌大球は冬場の
貴重な野菜として
また、当時よく食べられて
いたにしん漬け用として
とても
たくさん
栽培
されて
いました。
寒さに
強いキャベツ
だったん
だね!

にしん漬けは
身欠きにしんと
キャベツ、だいこん、
にんじんなどが入った
北海道伝統の漬けもの。
身欠きにしん
キャベツ
だいこん
にんじん
しょうが
こうじ
冬によく
食べた
にゃー
札幌大球は
大きくて
使い勝手が良く
肉厚な葉の甘味と
シャキッとした食感が
にしん漬けによく合うと
重宝されました。
サラダや
煮もの、炒めもの
などにもおいしく
使えますよ！
ところが
近年、
にしん漬けの
需要が
落ちると
札幌大球の
生産量も
落ちてしまった
のです。
作るのに
手間ひま
かかるし・・・
しょぼん
札幌大球の産地
だった石狩の厚田地区
では作る農家が
3軒のみ。
きゃあ〜
消えないで〜
ゴメンよ

あぁーとがっくりしていたら
なんと
JAさっぽろが
動き出しました。
ファンクラブもできたよ!
よかったね!
札幌市内に畑ができて栽培されているのです。
札幌の伝統野菜
はじめて札幌大球を入手したときはあまりにもの大きさに食仲間とわけっこ。
1/4もらうわね。
私も1/4!
では1/2は私が
冷蔵庫に入らないなぁー
1/2でも普通のキャベツの4・5玉分……。
どーうやって食べようかなぁ
冷蔵庫には半分しか
なやむにゃ
なにか保存食はなかったかと本を見たり
検索したり!
見つけたのは……。
はっ
あれだ!!

ドイツ料理の保存食
ザワークラウト！
これ！
ソーセージに付いてくる
あのすっぱい
キャベツです。
ドイツの お漬けもの だにゃ
レストランなどで
でてくるとおかわりしたい
くらいだい好きなもの。
おいしい♡
ソーセージとよく合うよ！
今まで
自分で作ろうなんて
考えてなかった
のですが…
札幌大球で
作ってみることに！
つくれそう？
ふむ できるかも
ひもといてみれば
作り方は
いたってカンタン！
しっかりもんで！
食べないけど手伝うにゃ
キャベツを切って
しおでもんで
発酵させるのみ！

水が上がってきたら
重しをはずして
そのまま3日ほど
放置。
できあがり！
保存は冷蔵庫で！
ももが
漬けるときは
ローリエと
赤とうがらしを
入れます。
また、キャラウェイ
シードを入れると
ドイツ風の本格的な
味に！
札幌大球でザワークラウト
を作ると酸味の中にも
ほんのり甘味があって
おいしいのです。
和食にも合うよ
なかなかいけるにゃ
シャキッとした
食感もあり、
やはり札幌大球って
漬けものに向いている
キャベツだなあと実感！
さて、次はにしん漬け！
……は勉強中です。
カンタンらしいが…
にしん漬けの作り方
いつか
札幌大球で
伝統の
にしん漬けを
作ってみたい
ものです。
食べたいにゃ
樽がないよね。

キャベツのレシピ
ザワークラウト
しおだけで乳酸発酵します。
①キャベツを太い千切りにする。
②キャベツの2%の重さのしおでもみます。
③お好みでローリエやとうがらしを入れ、漬けもの容器に移し、重しをする。
ローリエ
とうがらし
④1~2日たって水が上がり、泡がプクプクでてきたら重しをとる。
この場合はゆるめる
水
⑤キャベツが水の中からでないようにしてそのまま3、4日おいておく。
もし、水がたりないときは2%の食塩水をたす。
⑥キャベツが少しきいろくなって酸味がでてきたらできあがり。
保存ビンなどに入れて、冷蔵庫へ。

煮込んでもおいしい!
キャベツの肉だんごスープ

① ひき肉にみじん切りの玉ねぎ、しお、こしょうを入れて一口大のだんごを作る。

② 鍋に水を入れ一口大に切ったキャベツとブイヨンを入れて火にかける。

③ 半分煮えてきたところで①を入れて煮込む。

④ しお、こしょうで味をととのえて、できあがり。

キャベツと豚肉のみそ炒め

① キャベツは1cmぐらいの太さに切る。

② 一口大に切った豚バラ肉とキャベツをゴマ油で炒める。

③ みりん、みそ、豆板醤を入れる。

④ 強火で炒める! とてもごはんによく合う。

りんごの巻
冬のくだものと
いえば
りんご♪
甘くて
ジューシーで
ちょっとだけ
甘ずっぱいところも
とっても
だーい好き♡
みつ入りりんご
おいしー
ふじも
いいけど
ジョナゴールドが
このみだにゃ
えへっ
えへっ
ほんとに
好きなんだ
にゃ
手編み
だにゃ
好きが伝わったのか
小6のときに
りんごのアップリケの
ついたベストを
母が編んでくれた。
すごーくうれしかった
記憶*

そんなこんなで毎年季節にはよく食べていたりんごですが…
いがいがするなあ
ケホッ
ある日のどがいがいが、ケホッ…もうすこし食べるとごほごほ…あれえ…
どうしたの？だいじょうぶ？
病院で診てもらったところ
バラ科のアレルギーですね。
…とのこと
えーえーっえ〜っ！
りんご食べられないの？
そ、そんなあ…
そんなのつらいですぅ
でも、火を通せば大丈夫!!
♥個人差があるので気をつけて！
ほーっ！
煮たり、焼いたりすれば食べられるんだあ〜
よかったあ
よかったにゃー

りんごは煮ても焼いてもおいしいくだものでほーんとよかった
うふふ
それからはいろんな食べ方をためしてみました。
焼きりんご
コンポート
アップルパイ
りんごチップスも大丈夫みたい！
アップルパイはOKっ？
そんな中、友だちが連れていってくれたカフェですすめられたタルトタタン♡
これ、おいしいよ
ふぉぉ！
食べてみましたら…
ひゃあー
なんておいしい♡
ほっぺおちるぅー
もうひとめぼれ、
いやもうひとくちぼれ！
りんごとこげがうまい
んーっめちゃくちゃ好み！

こんがり焼けたりんごとカリッと甘くこげたところがとってもおいしいのです。
じみーな外見とは裏腹にぜいたくな味のタルトタタン
最近はよく見かけるのであっちこっちで食べてみますがなかなかあのカフェの味には出会えていません。
うーん。
……ということで、自分で作っちゃおうと「なんちゃってタルトタタン」を作っています。
さとうとバターでりんごを炒めるよ
さとうをカラメルに
カラメルとバターとりんごを炒めてグラタン皿に敷きつめてオーブンで焼きます。
できたあー
食べるときはバニラアイスをのせてどうぞ!

そして冬のあいだよく作るのはりんご煮
りんごの品種が変わると味わいも変わって、いろんな味がたのしめるよ
いろんなの食べたいにゃん！
りんご煮はそのままでもおいしいし、いろんなおやつにも使えて便利！
おかわりー
煮えたよー
たくさん煮て作りおきします。
作り方はいたってカンタン！くし切りのりんごをわずかな水のみで煮るだけ。
くし切り
煮くずれしない品種がおすすめ
カンタンだにゃー
また、このりんご煮さつまいもと一緒に煮るのもおいしい＊
とっても相性がいいのです。

これは娘が通っていた
保育園で
教えてもらったレシピ！
おいちい♡
娘は大きくなっても
食べたいらしく
へへっ*
だって
おいしんだもん！
冷蔵庫にあると
ペロリとなくなっています。
そんなことで
かれこれ
20年毎冬
作っています！
こげないように気をつけて
おとしぶたをして煮てね！
りんごだけでもよし、
さつまいも入りもよし！
もうすっかり
わが家の
定番メニュー
どっちもだいすき
りんご
さつまいもりんご
りんご煮をたくさん作った日はクレープ祭り♡
また、焼けたよー
おいちい♡
りんごが赤くなると
医者が青くなる
というからねー
冬はりんごを
たくさん食べようっね。

りんごのレシピ

りんご煮

①りんごを8等分に切って皮をむく。

②鍋にきれいに並べてつめていく。大さじ2〜3の水を入れる。

★さつまいもを入れるときは、1cmの輪切りにして、りんごと交互に重ねて入れる。

③おとしぶたをして、火が通るまで中火〜弱火でこげないように煮る。水が少なくなったらたす。火が通ったらできあがり。

りんごのジャム

①りんごは皮をむいて種をとって小さく切る。

②鍋に①を入れて、さとうをまぶして1・2時間おく。

③火にかけてゆっくりまぜながら煮つめていく。

紅玉やあかねを使うとき、皮を入れて煮るとほんのりピンク色に

④レモン汁を少しふって火を止めて保存ビンに入れる。

なんちゃってタルトタタン

①りんごは皮をむいて、4〜8等分にする。

種の部分は取ってね！

②フライパンにさとうと少しの水を入れてカラメルを作る。

注 まぜないこと！

ブツブツ

さとうがフツフツ…茶色くなるまでまつ！

③茶色くなってドローンとしてきたらバターを入れてはじめてまぜる。そして、①を加え炒め煮にする。

④りんごに半分火が通ったら火を止める。バターを塗ったグラタン皿にぎゅうぎゅうにつめる。

⑤オーブンでこげ目がつくまでじっくり焼く。

⑥あつあつでも冷やしてもOK！食べるときはバニラアイスや生クリームをのせてどうぞ

みその巻
手前みそ
ほんとに手前みそだけど
おいしいんです♥
自分の家でできたみそは
わが家の味なのです。
おっ、いい色!!
できたのー…
みそ汁飲みたい
みそ作りを始めて10年。
そのきっかけは
当時、茨城に
住んでた妹から
送られてきた
手作りみそ。
こんなにたくさん!しかも樽!
ドーン!
しえーっ
その妹の手前みそで
みそ汁を作ってみたら
おおっ なかなかいいお味!
やるなー妹くん!
うまい

それまで みそは 買うものと 思ってました。
みそは 選ぶのが たのしいよね！
いろんな 地域の いろんな 味
・・・でも 作れるんだ！ と知ったら 全部北海道 のもので 作りたくなって ワクワク してきました。
手前みそ 作りだね！
おーっ
そんな話を 友人たちに すると
作ろう！！
ありがとう
やって みたい♡
・・・となり みそ作りに詳しい 八百屋さんに協力して もらって作ってみることに。
みそ作りに必要な 材料はたったの3つ。
大豆
しお
こうじ
大豆は 信頼できる 農家さんの大豆。 こうじは北海道米で 作ったもの。 しおは オホーツク海の しお。
オール北海道みそだな！

みそ作りはまず大豆を
水にひたすところから。

煮る24時間前から
たっぷりの水で豆を
戻します。

約2倍にふくらむよ!

水が少なくなったらたしてね。

ひたすって北海道弁で「うるかす」っていうんだにゃん!

次はコトコト煮ます。

圧力鍋でもOKでーす!早いしね。

親指とひとさし指でぐっと力を入れてふにゃっとつぶれるくらいになったらちょうど良い。

煮えたらザルに上げてすりつぶします。

すり鉢でもいいしミキサーなどでもOK!

ももはミンチする手動の機械を使っています。

せっせ

そして、しおとこうじを
手のひらですり合わせて
まぜておきます。
しおも
こうじも
常温にして
おいてね！
もみもみ
そこに先ほどの
つぶした大豆を
まぜて
耳たぶくらいの
かたさに
します。
♥水分が
たりないときは
煮汁を入れて
はい大豆ミンチ！
せっせ
次はみそ作りのハイライト!!
まぜたものを丸めて
樽に投げつけるように
つめていきます。
これは樽の中に
空洞をつくら
ないためなの
です！
子どもと
いっしょに作ると
大喜び！
大人は日頃の
ストレス発散！
やりすぎると みそだらけに
なるけど、とってもたのしい！
えい
バシーン！
はい
みそ玉！

みそ玉をきれいに
樽につめたら
表面を平らに
ならして
ぐるっとすみ
にしおを
パラパラと
まきます。
（カビよけで）
しお
ラップをかけて
重しをしたら
フタを
して
涼しい
風通しの
よい場所へ
おやすみー
ゆっくりね！
仕込んで6〜7カ月くらいで
一度フタをあけて
重しとカビ（はえてたら）を
取ってつめ直します。
ヒャァ！
カビがぁ〜
カビは
ていねいに取りのぞけば
大丈夫！
およよ…
そして、
1年がたった頃
やったぁ！
いい色！
たまり
しょう油が
できる
ことも！
手前みそのできあがり！
約8Kg
できました！

味見してみると なんだかほっとする味！
だんだんと うちにあった みそになるにゃ
おみそ汁を作って 飲んでみると
香りも よくて、こくがあるのに すっきりしています。
うまいにゃー
ホメスギ！
できあがったみそを いっしょに仕込んだ 友人たちと 味比べ。
素材は 同じなのに 全部違う味！
わが子のように カワイイのが 手前みそ なのです
食べてみて！
うちのもどうぞ！
やっぱり自分のみそがおいしいな。
うちのがやっぱり一番、おいしいわ
おいしそうね
やっぱり手前みそなんだにゃ

みそレシピ

カンタン！みそ玉みそ汁

作っておけばいつでも！

① みそ・かつおぶし・小口ネギ・わかめ（乾燥or生）をまぜる。

小口ネギ
かつおぶし
わかめ

② 直径2cmくらいの大きさに丸める。

具や大きさはお好みで調整してね！

③ 一つずつ、ラップにくるんで冷蔵庫に保存。

食べるときはおわんに入れて、お湯をそそぐだけ！

まぜてねー！

おかずになるねぎ肉みそ

① ひき肉とみじん切りのしいたけ、ごぼうネギをゴマ油で炒める。

② みそ・みりん・お酒・さとう（好みで）を入れて、さらに炒め、豆板醤を少し入れる。（好みで入れなくてもOK！）

火を止めてできあがり＊

あつあつのごはんやおにぎりの具、大根やうどんの上にのせても。シソを入れてもおいしいよ。
冷凍もできるよ！

田楽みそ

きざんだゆずを入れたりシソを入れたりたのしんで

① 鍋に赤みそ・みりん・お酒・さとう、白だしを入れてまぜあわせる。

② 火にかけてじっくり煮つめる。

③ てりがでてきてドロっとなったら火を止めて。好みの具材にのせてどうぞ*

みその焼きおにぎり

かりっとしたこげ目がおいしい

① おにぎりを作る。具は入れても入れなくてもOK!

② フライパンにクッキングシートを敷き、おにぎりに少し焼き目をつける。

③ ②にみそとみりんを合わせたたれを塗ってさらにこんがり焼く。

豆の巻
コトコト
豆を煮る時間って
なんだかほっとする。
あせらず
ゆっくり
じっくり
煮えたか
どうだか
食べてみよ♪
まだ煮えない♪
もぐもぐ
冬の風物詩だにゃー
北海道は豆の生産地なので、たくさんの種類の豆を見かけます。
いろんな色・柄のお豆さん
パンダ豆
貝豆
緑貝豆
さくら豆
ビルマ豆
とら豆
紅しぼり
いんげん豆のなかまが多いにゃー!

うちでよく食べるのは
大豆（黄）
青大豆
金時豆
手亡豆
小豆
黒大豆
白花豆
紫花豆
甘煮が食べたいにゃー
甘煮や水煮にしておきます。
さらにその中でも一番は小豆！
冬至のかぼちゃぜんざいにおもちに欠かせません。
いつも食べたい！
いつぞやか小豆をさやから出す昔ながらの作業を体験したことがあります。
さやの中には6〜10コの小豆のつぶ
小豆は収穫後、乾燥させるためにニオ積みします。
ニオ積みは刈った豆を高く積んで干すことです。
いい風景
北海道ならでは！

乾燥させたあとに
豆を取り出します。
その伝統の道具が
このからさお。
この部分は
パタパタと
動くように
なっている。
2m以上
ある棒
持ってみると
バランスが
取りづらい!
ブラブラ
おっとっと…
大丈夫?
このからさおで
シートの上に
広げた小豆の
さやをたたくと
さやが
ピキッと
割れて
中から
小豆が
ピョンと
でてきます。
ピョン!
パシーン!
しっかり!

集めた小豆にはゴミやいたんだ小豆もまざっているので、ここからもうひと仕事！
まだまだ食べられん。
食べるためにはやんなくちゃ！
きれいな小豆を選《よ》ります。
小豆をひと粒ひと粒選《よ》るのでなかなか細かい作業に。
・・・次第にもくもく無言に・・・
ねこの手は見てる
おっ！パパさんもお手伝い！！
このようにきれいにした小豆であんを炊いてできあがったときってほんとうに、うれしい!!
さあ！作ろう！
やっと食べられるぅ
普段、買う豆のきれいさを思うとほんとありがたくなります。

この数年、話題になってる
お豆さんがあります。
黒千石大豆という
小さな黒大豆。
ふつうの黒大豆
ほぼ実物大
黒千石大豆
昔むかしは
緑肥や馬の
飼料として
栽培されていた
黒千石ですが
時流におされ
一度消えてしまった
お豆さんです。
だれも作らなくなっちゃった
ところがとても
栄養価が高く
しかもおいしい！
ということで
復活をとげ
注目を
集めているのです。
復活できてよかった！
黒千石は
きなこ豆とも
よばれています。
たしかに、
黒千石の
きなこは
香ばしくて
とても上品で
味わい深い。
きなこだいすき
おもちだけでなく、ヨーグルトや牛乳に入れてもおいしい
きなこ以外にも
生豆を炒ってお茶に
するのもお手軽です。
ほんのり甘みがあっておいしいにゃー
香ばしくて
まろやかな
味！
でがらしの豆も食べてね！
とっても身体によいのです！

また、水煮を
カレーに入れるのも
コクが出て食感もgood!
小粒で
気にならないので豆が苦手な人でもOK!
甘煮にして
ヨーグルトや
おもちなどと
いっしょに食べるのも
おいしい♡
つぶあんの
黒豆版
みたいだ
にゃ!
そして、
ぜひ作ってみて
ほしいのは
すし飯!
おー!
黒千石で
炊き上げた
ごはんに酢を入れると
きれいなピンク色に!
ピンク色
のごはん
わぁー
これを
巻きずしにしたり
小さなおにぎりや
手まりずしに
しても
すてき♡
年末年始の
おめでたい
一品にぴったり!
豆で
身体に
よい一年を!

豆レシピ

土鍋で作るあずきあん

① 小豆はしっかり洗って土鍋に入れ、約3倍の水で強火で煮る。沸とうしたら弱火にする。

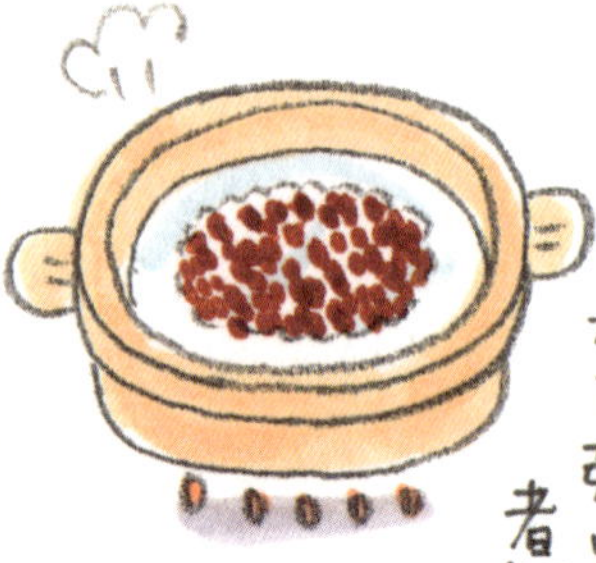

② こげないようにまぜながら、弱火で煮て水がたりなくなったらたす。

③ 豆がふっくらして水分がなくなったら、さらしを敷いたザルの上にあける。

④ 土鍋に水とさとうを入れてシロップを作る。

⑤ ③の小豆を④の土鍋に戻し しお少々を入れ煮つめてできあがり!

かぼちゃぜんざい

① かぼちゃは適当な大きさに切ってゆでる。(又は蒸す)

② 鍋にあずきあんを入れ、水でのばし、①を入れて煮る。

黒千石の水煮

作っておくと便利！

①黒千石は洗って一晩水につけて戻す。

②①を水ごと鍋に入れてたっぷりの水でコトコト煮る。

③やわらかくなったらしお少々加え、火を止める。

弱火で

冷凍で保存できます！

黒千石の甘煮

粒々の食感がおいしい

①黒千石は洗ってたっぷりの水に一晩つけて戻しておく。

②鍋に①の水ごとさとうも入れ、弱火でコトコト煮る。

③こげないようまぜながらやわらかくなったら火を止める。

黒千石ごはん

①黒千石は洗って水で戻しておく。

②炊飯器にお米と①の黒千石、お酒、しお昆布を入れる。

昆布
お酒
しお

③①の水で加減して炊く。①の水で足りないときは水をたす。

すし飯にするときは

ピンク色のごはんになるよ！

①上記の炊いた黒千石ごはんにすし酢をまぜる。

炊くときに梅干しか酢を少し入れるだけでもピンク色に！

エゾシカの巻
エゾシカ‥
増えてます。
以前、露天風呂でエゾシカにそうぐうしたことも!!
わぁー目があった!
おおー
バービ
にゃ
いつか十勝で夜道を車で走ってたとき暗やみの中にみどりの小さなテンテンが2つずつ、あちらこちらに
なんと全部エゾシカのお目々。
本当にたくさんいるんだとびっくり!

いつのまに こんなに 増えた のでしょう?
よく見かける よ!
エゾシカ 注意の 標識。
農家さんも 作物を食べられ ちゃうので大変
おいしい ところだけ 食べられ ちゃった・・・
こまった シカ ちゃん だにゃ
北海道では 増えすぎた エゾシカを 大切な資源として 有効活用するために いろんな方面で 動いています。
シカを食べる
シカの ツノを 使う
バターナイフ(えの部分)
ボタン
財布
トート バック
シカの 皮を使う
いろんな ものが 登場してます。
他にも シカジャーキーや ソーセージなど も!!
メガネふき
食べる だけじゃないにゃ

ももがはじめてエゾシカを食べたのはほんの13年くらい前
エゾシカまだ、食べたことがないんです。
えっ！ほんと！じゃ、こんど食べにおいで
食仲間でエゾシカの有効活用を長年研究活動している方がさそってくれました。
薪ストーブに桜のチップをくべて焼いたシカ肉です
もう、おいしいのなんのって！
赤身だけどやわらかでさっぱりとした味わい！
シンプルにしお・こしょうで！
うまーい！
シカ肉のことをいろんな人に聞くと多くは
昔、よくシカ肉をもらったけど臭くて…
というのですが…
まったくいやな味がしないのです。
ベリーソースにもおしょう油にも合う！

なぜシカ肉が臭かったのかを聞いてみると
以前はだいたいが駆除のためで、食べるために獲ってなかったしね。
フムフム
鉄砲を撃つ場所や捕のあとの放血（血抜き）や内臓の処理なども今とはまったく違ってたんだよ！
・・・とのこと。
今では北海道のあちらこちらに処理場もできてほんとポピュラーになりつつあるシカ肉！

うふっ
フレンチやイタリアンではジビエメニューとして、さらにエゾシカ丼やエゾシカバーガーなどカジュアルな料理にも広がっています。

ちなみにシカ肉は脂質が少なく良質なたんぱく質と鉄分が多いので女性にぴったりなヘルシーなお肉とのこと。

へえ〜

まだまだスーパーなどでの取り扱いは少ないけど普段の食に取り入れたいものです。

シカ猟のシーズンは
10月〜3月頃なので
シカ肉は わが家では
「冬のごちそう」なのです。
おー
届いた!!
毎年、
クリスマスやお正月は
シカ肉がメインディッシュ！
お気に入りは
占冠の「森のかりうど」さん
のシカ肉。とても
きれいな味なのです。
食べるためにしかシカは獲らない！
さすがハンターですにゃ
そして、いつも
シカ肉を
どんな風に
食べようか
考えるの
ですが・・・
うーん。
モモ肉ばかりだからねぇー
やっぱりシンプルに
ローストにするのが
おいしい！
シカのおいしさを味わえるからね。
いちばんだにゃー

脂身がほぼなくて
さっぱりとした味の
シカ肉は
いろんな
ソースで
たのしみます！
どんなソースになるのかにゃ〜
ふふふ♡
人気なのはこの2つのソース。
山わさび入りマッシュポテトを
つけ合わせに
ソースをかけて
いただきます！
ブルーベリーと赤ワインのソース
玉ねぎとバルサミコのソース
北海道の
自然がぎゅっと
つまったシカ肉を
食べると
人間も自然の中で
生かされて
いるのだなあと
ありがたい気持ちに
なります。

エゾシカレシピ

シカ肉ロースト

モモ肉がおすすめ

①シカ肉のかたまりに、しお、こしょうをすり込んで室温に戻しておく。

②フライパンにオリーブオイルとニンニクを入れ、香りが立ったらシカ肉を入れ、全体にこんがり焼き色をつける。

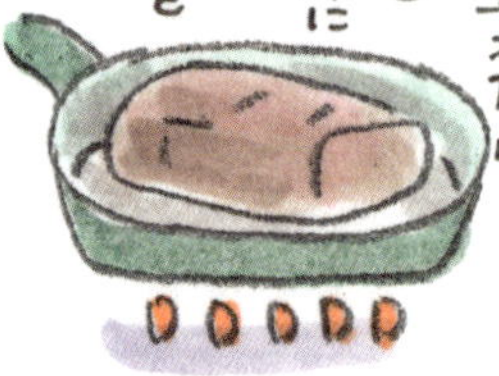

③同時に大きめの鍋にお湯をたっぷりわかしておく。

④②を耐熱の保存袋に入れ、空気をしっかり抜いて、③の鍋に入れる。

フライパンに残った肉汁はソースに！すてないでね!!

⑤お湯が沸とうしたら火を止め、肉の袋が浮かんでこないように重しをして約1時間おく。

⑥時間になったら袋から取り出して、好みのソースでいただく。

ジビエなので中までじっくり熱を通してくださいね！

エゾシカに合わせて

山わさび入りマッシュポテト

①じゃがいもは皮をむき適当に切って しおゆでしておく。

②水気を切った①をマッシャーなどでつぶす。途中、室温に戻したバター、生クリーム、すりおろした山わさび（量はお好みで加減）を入れて、しおで味をととのえる。

たっぷり盛り合わせて下記ソースといっしょにどうぞ。

ブルーベリー＆赤ワインのソース

・シカ肉を焼いたあとの肉汁とフライパンをそのまま使います。

①バターを入れて溶かし、ブルーベリージャムと赤ワインを入れて煮つめる。

・甘みがたりないときはハチミツを少したしてもOK！

玉ねぎ＆バルサミコソース

・シカ肉を焼いたあとの肉汁とフライパンをそのまま使います。

①みじん切りの玉ねぎを入れて肉汁と炒める。しょう油、さとう少々、バルサミコ酢を入れて煮つめる。

・上記マッシュポテトの他、焼いたトマトやパプリカきのことといっしょに！

おまけコラム 4

「甘こうじ」をつくる

自分で**甘こうじ（甘酒）**をつくるようになって、もう丸3年になります。きっかけは、年々ひどくなる食物アレルギーでした。

「**自分の身体がどうなってしまったのか…**」としばしば考えるようになり、発酵食品を積極的に摂るようになっていたころ、甘こうじに出会ったのです。

毎日ほぼ欠かさず飲むことで何が変わったのかというと、腸がとても元気になりました（便通がとてもよくなりました）。おかげさまでアレルギーの進行も止まり、花粉症も少しずつ良くなっています。即効性はないけれど、**ゆっくりと身体が回復**している感じがあります。身体に負担なく続けられるのが良いところです。そんな甘こうじはとても簡単に作れます。

こうじ、炊いたお米、水、保温ポットがあれば OK！ 私は毎日大さじ1の甘こうじをぬるま湯か豆乳でわって飲んでいます。**これが実においしい！** おいしいから続けられるのかもしれません。

こうじのほかにも、みそ・しょう油・漬物・日本酒など、日本人が昔から食べてきた発酵食品には、祖先が生き抜いてきた秘密がありそうです。

日本人が大昔から食べてきた食品を見直すきっかけに、まずは甘こうじからお試しあれ！

甘こうじの作り方
材料・こうじ 500g
・炊いたお米 500g
・水 500～600g
用意するもの
★保温ポット
作り方
①鍋に分量の炊いたお米と水を入れておかゆを作る。
②①が60℃～50℃まで温度が下がったら、常温に戻しておいたこうじを入れて混ぜる。
③②を温めておいた保温ポットに入れて8～10時間発酵させる。
飲む時はぬるめのお湯やぬるめの豆乳でわってどうぞ！
たくさんできた時は冷凍保存できます。
こうじ

あとがき

学生時代、読むのは大好きだったけど、コマ割りが苦手で描けなかった漫画。今回は食べものが主題ということで、初挑戦させていただきました。描いてみると、やっぱり難しくて、ちっとも漫画らしくないのですが、何とか形にすることができました。北海道らしさを全面に出したこの本を通して、多くの方に北海道の食材を知って食べてもらえるといいな、と思っています。

私にとって食べることは生きること、そして生きる上での楽しみです。食べもので自分の身体ができていると思うと、楽しさや喜びにあふれた食材を選びたいといつも思っています。

食にまつわる活動をしてきた仲間たちがいます。そして生産者の方々や食べもの関係の方々、いろんな出会いがあって、この本は生まれました。食いしんぼうでよかったな、とつくづく思うのです。今までの出会いに感謝しています。

この本を企画してくださった編集者の町田さん、並々ならぬ忍耐で編集してくださいました。とても感謝しています。ぜひ、また北海道でおいしいものを食べに行きましょう。また、いつも私を支えてくれている家族にもありがとうです。

私が食を通じて一番学んだことは、「和」の心でしょうか。食材を愛情込めて作る人、そして食材を生産者の気持ちとともにお皿に乗せていく、調理する人。そうやってできた料理に、思わず笑みがこぼれて、食卓は和やかな場所になり、最後には心地よい余韻が心に残るのです。これからも感謝と和の心で、自分なりに食を究めるべく、おいしくて楽しい食の世界を旅したいと思っています。

窓からサグラダ・ファミリアが見えます。今日はどんな食べものに出会うでしょうか。ワクワクしています。

食いしんぼうの旅先より　すずきもも

おいしい大地、北海道！

コミックエッセイの森

2018年1月28日　第1刷発行

［著　者］
すずきもも

［本文DTP］
臼田彩穂

［編　集］
町田美津子

［発行人］
安本千恵子

［発行所］
株式会社イースト・プレス
〒101-0051　東京都千代田区神田神保町2-4-7　久月神田ビル
Tel 03-5213-4700　Fax 03-5213-4701
http://www.eastpress.co.jp/

［印刷所］
中央精版印刷株式会社

［装　幀］
坂根 舞（井上則人デザイン事務所）

本書の中の情報は、2017年12月時点のものです。

ISBN978-4-7816-1625-4　C0095